악필 교정 4주면 충분합니다
# 하유정쌤의 초등 바른 글씨 트레이닝 북

**초판 발행** 2023년 6월 22일
**6쇄 발행** 2024년 12월 22일

**지은이** 하유정 / **펴낸이** 김태헌
**총괄** 임규근 / **팀장** 권형숙 / **책임편집** 김희정 / **교정교열** 박성숙 / **디자인** ziwan / **글씨** 금오초등학교 친구들
**영업** 문윤식, 신희용, 조유미 / **마케팅** 신우섭, 손희정, 박수미, 송수현 / **제작** 박성우, 김정우

**펴낸곳** 한빛라이프 / **주소** 서울시 서대문구 연희로2길 62 한빛빌딩
**전화** 02-336-7129 / **팩스** 02-325-6300
**등록** 2013년 11월 14일 제25100-2017-000059호 / **ISBN** 979-11-93080-01-6 73710

한빛라이프는 한빛미디어(주)의 실용 브랜드로 우리의 일상을 환히 비추는 책을 펴냅니다.

이 책에 대한 의견이나 오탈자 및 잘못된 내용은 출판사 홈페이지나 아래 이메일로
알려주십시오. 파본은 구매처에 교환하실 수 있습니다. 책값은 뒤표지에 표시되어 있습니다.
**한빛미디어 홈페이지** www.hanbit.co.kr / **이메일** ask_life@hanbit.co.kr
**네이버 포스트** post.naver.com/hanbitstory / **인스타그램** @hanbit.pub

Published by HANBIT Media, Inc. Printed in Korea
Copyright © 2023 하유정 & HANBIT Media, Inc.
이 책의 저작권은 하유정과 한빛미디어(주)에 있습니다.
저작권법에 의해 보호를 받는 저작물이므로 무단 복제 및 무단 전재를 금합니다.

지금 하지 않으면 할 수 없는 일이 있습니다.
책으로 펴내고 싶은 아이디어나 원고를 메일(writer@hanbit.co.kr)로 보내 주세요.
한빛라이프는 여러분의 소중한 경험과 지식을 기다리고 있습니다.

**제품명** 하유정쌤의 초등 바른 글씨 트레이닝 북 | **대상연령** 8세 이상
**제조사명** 한빛미디어(주) | **제조년월** 2023년 6월 | **제조국** 대한민국
**주소** 서울시 서대문구 연희로2길 62 | **연락처** 02-336-7129

⚠ **주의사항** 책의 모서리에 다치지 않게 주의하세요.
※ KC마크는 이 제품이 공통안전기준에 적합하였음을 의미합니다.

악필 교정 4주면 충분합니다

하유정쌤의

# 초등 바른 글씨 트레이닝 북

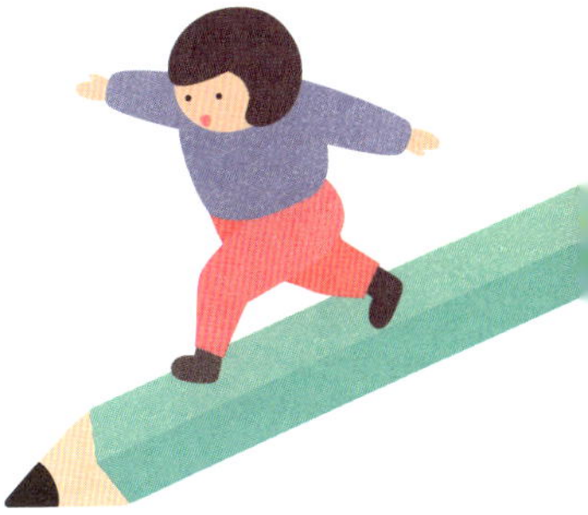

◆ 어디든학교 하유정 지음 ◆

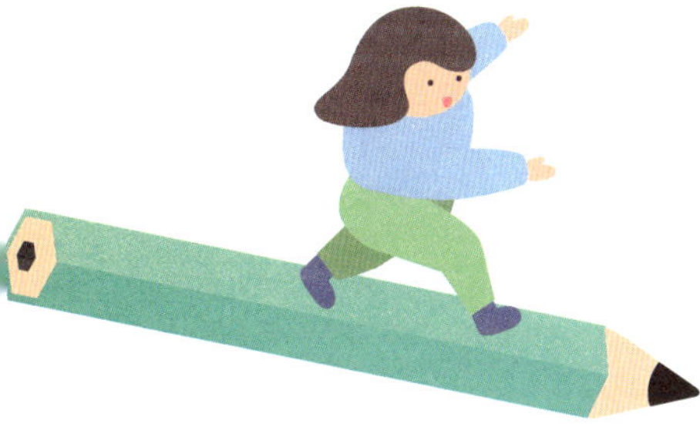

HB 한빛라이프

**어린이들에게**

## 누구라도 반듯하고 예쁜 글씨를 쓸 수 있어요!

글씨 쓰기를 힘들고 지겨운 '노동'으로 여기는 아이들을 보면서 어떻게 해야 재미있고 즐겁게 글씨 연습을 할 수 있을지 고민했어요. 이왕이면 생활 속에서 활용할 수 있으면 더 좋겠다 여겼고요. 그렇게 《하유정쌤의 초등 바른 글씨 트레이닝 북》을 만들었어요.

글씨를 바르게 쓰는 자세부터 일상 속 다양한 글쓰기까지 책에 담았어요. 필기구와 공책도 연필과 네모 공책부터 피그먼트 펜과 줄 공책까지 다양하게 사용해 볼 거예요. 네모 공책에 연필로만 글씨를 쓰는 건 아니니까요.

여러분이 글씨를 쓰면서 절로 미소가 지어지는 모습을 상상하면서 낱말과 문장을 세심하게 골랐어요. 따뜻한 동화책의 도입부 문장을 따라 쓰며 작가들의 표현력과 작문력도 익히길 바라면서 말이죠. 수행평가지를 채점할 때 정답과 풀이 과정을 알아보기 어려워 좋은 점수를 받지 못하는 아이들에게도 도움을 주고 싶었어요. 그래서 숫자, 알파벳, 기호를 섞어 쓰는 연습도 함께 할 거고요.

여러분이 자주 쓰는 글쓰기 양식으로도 예쁜 글씨를 연습할 거예요. 연습한 글씨를 일상에서도 적용할 수 있어야 하니까요. 일기에 활용할 수 있는 기발한 표현부터 학교에서 배우는 다양한 글쓰기 형식까지 실어 두었어요. 주제가 간단한 글쓰기부터 논리적인 글쓰기까지, 글쓰기 예시를 따라 써 보면서 글쓰기 기술도 익히고, 예쁜 글씨도 연습할 수 있도록 도울게요.

그래도 막상 시작한다고 생각하니 벌써부터 어깨가 아프고 손가락이 아려오나요? 걱정하지 말아요. 글씨는 한순간에 좋아지지 않지만, 4주만 꾸준히 써도 확실히 좋아져요. 제가 장담할게요. 글씨체가 점점 좋아지는 것을 직접 경험해 보세요. 물론 대충 빨리 쓰는 거 말고 꾸준히, 천천히, 똑같이 따라 쓰려고 노력해야 하지만요. 다른 사람이 글씨체로 나를 판단하기 전에 반듯한 글씨체로 나를 표현해 보세요. 할 수 있겠죠? 그럼 시작해 볼까요?

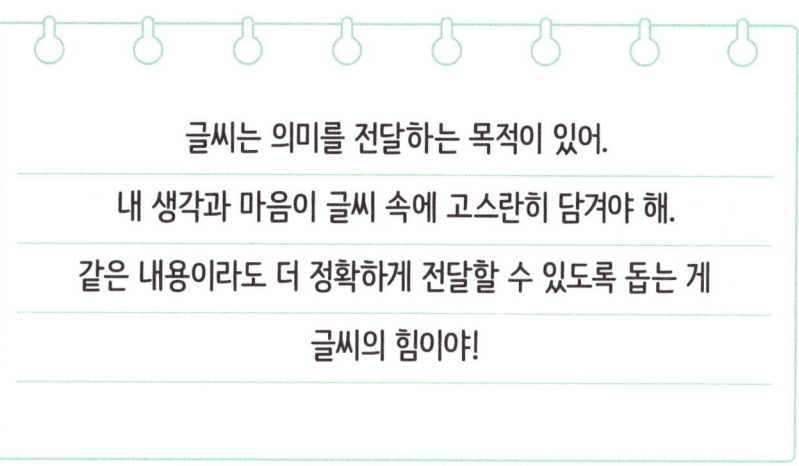

책이 나오기까지 함께해 준 금오초등학교 친구들에게도 감사의 마음을 전합니다.

**부모님에게** — 세상에 고쳐지지 않는 글씨는 없어요!

교실에는 생각도 바르고 마음도 따뜻한데 똑똑하기까지 한 아이가 많아요. 그런데 이런 아이들 중에도 무슨 말을 하는지 알 수 없게 웅얼웅얼하는 아이가 있어요. 그때마다 귀를 쫑긋 세워 들으려 애쓰지만 가끔씩 놓치곤 하지요. 참으로 안타까워요. 글씨도 마찬가지예요. 글은 누군가에게 내 생각과 마음을 전달하기 위해 쓰는 경우가 많아요. 그런데 글씨를 대충 흘려 쓰면 아무리 좋은 글이라도 상대방이 내용을 읽을 수 없으니 생각과 마음이 전달되지 않지요. 글씨를 또박또박 써야 하는 이유예요.

### ● 그럼에도 1~2학년 아이라면 기다려 주세요

"글씨는 한 살이라도 어릴 때 잡아 주면 좋다!"라는 말을 들었을 거예요. 그런데 제 경험에 비추어 보면 꼭 맞는 말은 아니에요. 아이가 아직 어리다면 조금 기다려 주세요.

'글씨' 잡다 '글쓰기'까지 놓칠 수 있거든요. 글씨를 처음 쓰는 아이들은 속도는 느려도 손에 힘을 꽉 주고 글씨를 한 자 한 자, 또박또박 큼직하게 써 내려가요. 이렇게 애써 쓴 글씨인데 지적을 받으면 누구라도 속상하고, 이런 감정이 쌓이면 글 쓰는 상황을 피하려고 해요. 글씨 잡으려다 글쓰기까지 놓칠 수 있지요. 이미 최선을 다하고 있는 아이들이니 글을 쓰고 익히는 것만으로도 많이 칭찬해 주세요.

써야 하는 글 양이 많지 않아 조금만 노력하면 잘 쓸 수 있어요. 1~2학년 교육과정에서는 한글 교육 비중이 굉장히 높아요. 글씨 쓰기는 학교에서 충분히 지도하고 있으니 집에서까지 지도하지 않아도 돼요. 게다가 써야 할 글 양이 많지 않아 조금만 신경 써서 천천히 쓰라고 하면 웬만해서는 다 잘 써요.

손힘이 강해지면서 자연스럽게 좋아지기도 해요. 1~2학년까지는 소근육이 충분히 발달하지 않아서 손힘이 약해요. 손힘이 약하면 원하는 대로 필체를 조절하기 힘들고요. 그러다 차츰 소근육이 발달하고 손힘이 강해지면 자연스럽게 글씨가 좋아지기도 해요.

### ● 글씨는 3학년 때부터 무너져요

그렇다고 언제까지고 기다리라는 건 아니에요. 3학년이 되면 글씨를 한 번은 잡아 줘야 해요. 아이들 글씨가 확 무너지는 시기거든요. 한번 무너진 글씨는 좀처럼 나아지지 않고 더 나빠지기만 하거든요. 그런데 아이들의 글씨는 왜 3학년 때부터 무너지는 걸까요?

<mark>써야 할 글 양이 부쩍 늘어요.</mark> 1~2학년 때까지는 글씨를 정성 들여 천천히 쓰던 아이들도 3학년이 되면 너도나도 빨리 쓰려고 해요. 이때부터 필체가 몰라보게 달라지지요. 일단 빨리 쓰고 보자는 생각이 앞서는 듯해요.

<mark>네모 공책에서 줄 공책으로 넘어가요.</mark> 3학년이 되면 줄 공책에 글씨를 쓰기 시작해요. 줄 수만 스무 줄이 넘어요. 줄 높이는 학년이 올라갈수록 점점 낮아져 글씨를 더 작게 써야 하고요. 글씨가 무너지는 건 한순간이에요. 이때부터 자기 글씨도 읽기 어려워하는 아이들이 생겨요. 《국어 활동》맨 뒤에 있는 글씨 쓰기 부록을 아무리 따라 써도 손만 아플 뿐, 글씨체는 그대로라는 아이들의 푸념 소리도 왕왕 들리는 시기예요.

### ● 올바른 방법으로 꾸준히 연습하면 어떤 글씨라도 바뀝니다

지난 몇 년간 손에 길들여진 나쁜 글씨체가 바뀔 수 있을까요? 네, 바뀝니다. 오늘부터 손에 새로운 습관을 들이면 돼요. 다만 글씨 교정 방법을 모른 채 무작정 따라 쓰기만 하면 말 그대로 손만 아파요. 올바른 방법을 익힌 다음, 마음먹고 정성껏 써야 해요. 그렇게 했는데도 고쳐지지 않는 글씨는 없어요.

그렇다고 한 번에 너무 많이 쓰게 하지는 마세요. 바르고 예쁜 글씨를 손에 익히려면 조금씩 꾸준히 연습하는 게 중요해요. 한 번에 많이 쓰면 손이 아파 바르게 쓰기도 어렵고 힘만 들어요. '조금씩, 꾸준히'를 기억하세요.

## 이 책의 구성과 활용법

오늘부터 4주 동안 글씨를 써 볼 거예요. 평일 하루에 20분씩 시간을 내 주세요.
20분이 힘들면 8주 동안 하루에 10분씩 써도 좋아요. 편한 쪽으로 시작해 보세요.

### ● 시작하기 전에

악필 유형과 교정법, 바른 자세, 연필 잡는 법, 필기구 에 대해 배워요.

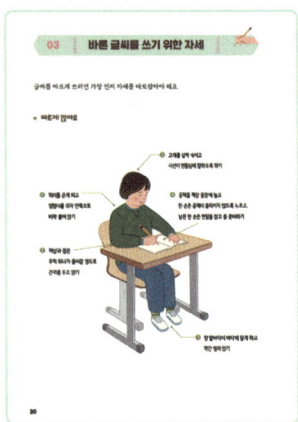 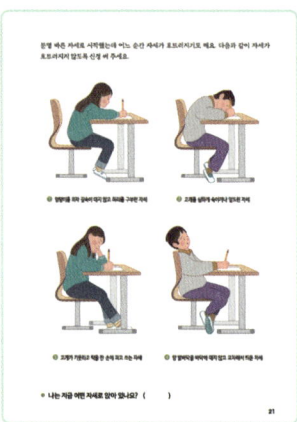 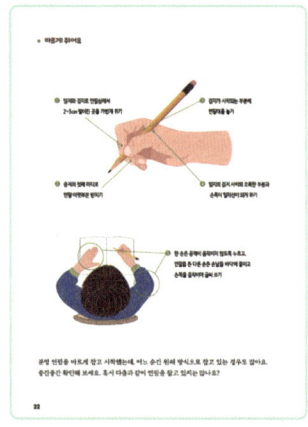

### ● 1~2주 차 낱말과 문장 바르게 쓰기

1주 차에는 글자 기본형을 익히고 기분 좋은 낱말을 네모 공책 에 써 봐요. 2주 차에는 자간·띄어쓰기·줄 간격을 익히고, 줄 공책 에 동화책 도입부 문장 을 따라 써 봐요.

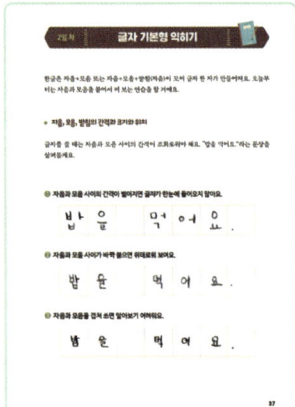 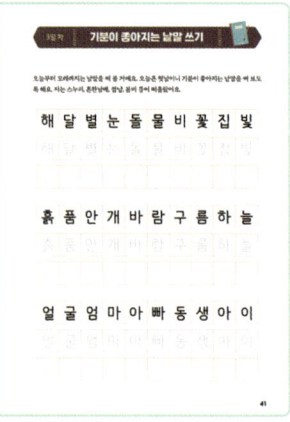 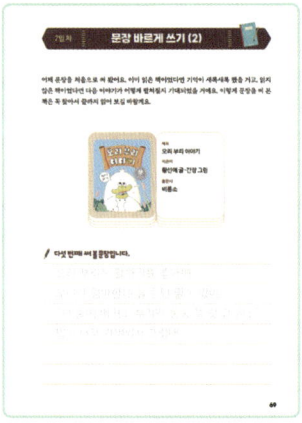

## ● 3주 차 숫자·알파벳·기호 바르게 쓰기

한글, 숫자, 알파벳, 기호 등을 모눈 공책에 써 봐요. 일기와 편지도 줄 공책에 써 보고, 사진과 그림에 글씨를 써서 설문지, 포스터, 위시리스트, 레시피 등도 만들어 봐요.

 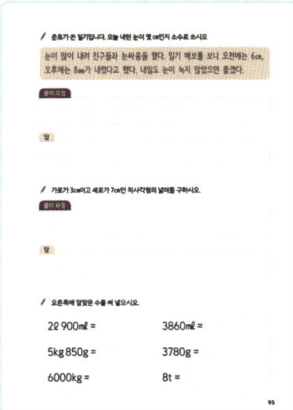 

## ● 4주 차 교실 속 문장 쓰기

교실에서 써 내야 하는 자기 소개서, 임원 선거 연설문, 독서록, 기행문, 주장하는 글을 쓰면서 글씨 연습을 해 봐요. 부록에 담긴 카드, 엽서, 편지지, 쪽지에 글을 써서 바뀐 내 글씨를 뽐내 보세요.

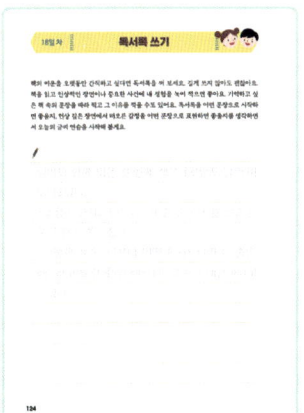  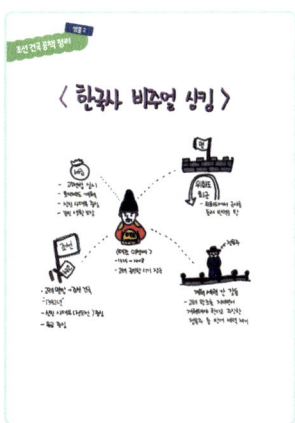

**차례**

## 시작하기 전에
- 01 글씨를 써 볼까요? ... 14
- 02 악필 유형과 교정법 ... 15
- 03 바른 글씨를 쓰기 위한 자세 ... 20
- 04 바른 글씨를 쓰기 위한 준비물 ... 25
- 05 함께 연습해 볼 글씨체 ... 29

## 1주 차  낱말 바르게 쓰기
- 1일 차  모음자와 자음자 쓰기 ... 32
- 2일 차  글자 기본형 익히기 ... 37
- 3일 차  기분이 좋아지는 낱말 쓰기 ... 41
- 4일 차  마음을 전하는 낱말 쓰기 ... 47
- 5일 차  몸이 들썩거리는 낱말 쓰기 ... 53

## 2주 차  문장 바르게 쓰기
- 6일 차  문장 바르게 쓰기 (1) ... 62
- 7일 차  문장 바르게 쓰기 (2) ... 69
- 8일 차  문장 바르게 쓰기 (3) ... 73
- 9일 차  문장 바르게 쓰기 (4) ... 77
- 10일 차  문장 바르게 쓰기 (5) ... 81

## 3주 차 숫자·알파벳·기호 바르게 쓰기

| | | |
|---|---|---|
| 11일 차 | 숫자와 기호 바르게 쓰기 | 88 |
| 12일 차 | 알파벳과 기호 바르게 쓰기 | 92 |
| 13일 차 | 날씨 표현 배우고 일기 쓰기 | 98 |
| 14일 차 | 인사말 배우고 편지 쓰기 | 102 |
| 15일 차 | 생활 속 글쓰기 | 106 |

## 4주 차 교실 속 문장 쓰기

| | | |
|---|---|---|
| 16일 차 | 자기 소개서 쓰기 | 116 |
| 17일 차 | 임원 선거 연설문 쓰기 | 120 |
| 18일 차 | 독서록 쓰기 | 124 |
| 19일 차 | 기행문 쓰기 | 128 |
| 20일 차 | 주장하는 글쓰기 | 132 |

## 부록

| | | | |
|---|---|---|---|
| 프로젝트 1~2 | 생일 축하 카드 쓰기 \| 어버이날 감사 카드 쓰기 | 137 | 139 |
| 프로젝트 3-4 | 스승의 날 엽서 쓰기 \| 우정 쪽지 쓰기 | 141 | 143 |
| 프로젝트 5-6 | 상장 만들기 \| 4컷 만화 속 대사 쓰기 | 145 | 147 |
| 샘플 1~2 | 그림일기 \| 조선 건국 공책 정리 | 149 | 150 |

이 책에서 따라 쓴 동화책 목록 ········ 151

## 시작하기 전에

글씨를 잘 쓰려면 먼저 내 글씨를 자세히 들여다 봐야 해요. 직접 써 보고 어느 부분을 고치고 싶은지 함께 들여다봐요. 다음으로 글씨를 어떻게 고쳐 나갈지 차근차근 살펴볼 거예요. 악필이 되는 대표적인 원인과 해결책을 알아보고, 바른 글씨를 쓰기 위한 자세를 배울 거예요. 연필을 바르게 쥐고 쓰는 법과 적합한 필기구를 선택하는 법도 배울 수 있어요.

# 01 글씨를 써 볼까요?

교실에서 지내보면 글씨를 써야 할 일이 참 많아요. 학년이 올라갈수록 글씨 쓸 일이 훨씬 더 늘어나고요. 그때마다 내 생각과 의견을 글로 멋지게 펼쳐 내야 하는데, 잘 쓰지 못한 글씨에 내 생각과 의견이 가려진다면 어떨까요? 너무 속상하겠죠? 그래도 너무 낙담하진 말아요. 글씨는 작은 실천만으로도 쉽게 좋아질 수 있거든요.

글씨를 잘 쓰려면 먼저 내가 쓴 글씨를 똑바로 볼 수 있어야 해요. 글씨마다 고칠 부분이 다를 수 있거든요. 문제를 알면 해결 방법도 찾을 수 있고요. 자, 다음 글씨를 평소처럼 편하게 써 보세요.

## 오늘부터 글씨 연습을 시작할 거예요.
## 4주 후에는 글씨가 어떻게 바뀌어 있을까요?

어떤가요? 내 글씨가 마음에 드나요? 어떤 부분이 마음에 들고, 어떤 부분이 마음에 들지 않는지 잠시 생각해 보아요.

# 02  악필 유형과 교정법

잘 쓰지 못한 글씨를 악필이라고 해요. 악필의 원인과 사례를 살펴보면서 해결책을 함께 찾아볼게요.

● **원인 1**    ==손힘이 부족해서예요.== 획을 그을 때 끝까지 손에 힘을 주세요.

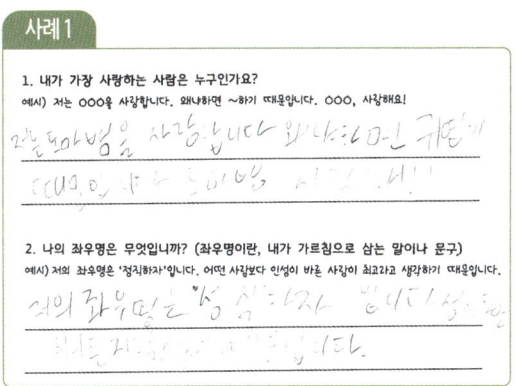

\* 바람에 자유롭게 날아다니는 모양                  \* 선이 휘거나 떨리는 모양

**해결**    긴 선 긋기를 연습해 보세요. 저학년은 크레파스 → 색연필 → 4B(또는 2B) 연필, 고학년은 2B 연필 → HB 연필 순서로 옮겨 가면 좋아요.

1단계 직선 연습    2단계 사선 연습    3단계 원 연습

- **원인 2**　　연필을 바르게 잡지 않아서예요. 고학년 교실에 가면 자기만의 독특한 방식으로 연필을 잡고 글씨를 쓰는 친구가 많아요. 그 상태로 계속 글씨를 쓰면 손목이나 어깨에 힘이 많이 들어가면서 아파 글씨 모양이 점점 더 나빠지는 경우가 많아요. 이 부분은 22쪽에서 자세히 다룰게요.

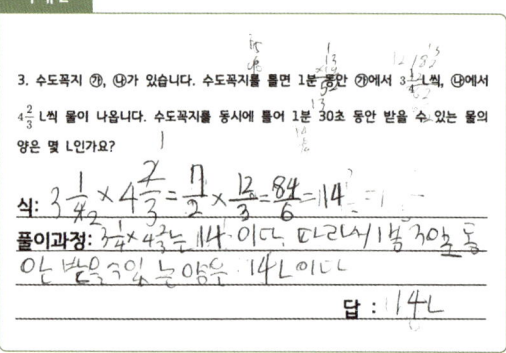

\* 연필을 세워 쓰면 기준선을 일정하게 맞춰 쓰기 어려워요.

\* 손에 너무 힘을 주고 쓰면 필압이 달라져서 선 굵기가 일정하지 않아요.

- **원인 3**　　글자 모양에 맞게 글씨 쓰는 방법을 몰라서예요. 이 부분은 내용도 많고 연습이 필요하므로 32쪽에서 자세히 다룰게요.

\* 획을 이어 쓴 경우로 낱글자의 모양을 충분히 연습해야 해요.

\* 획을 끊어 쓰는 경우로 낱글자의 모양을 충분히 연습해야 해요.

● **원인 4** 빨리 써야 하는 상황 때문이에요. 학년이 올라갈수록 쓸 분량이 많아지니 교실에서 글씨를 날려 쓰는 친구가 하나둘 늘어나요. 그런데 누구라도 글씨를 빨리 쓰면 지렁이 글씨가 나와요.

**사례 1**

**사례 2**

* 뒤로 갈수록 빨리 쓰려다 보니 글씨를 날려 썼어요.
* 마음이 급해져서 글씨를 날려 썼어요.

**해결** 쓸 양을 조절해야 해요. 양을 조절하기 어렵다면 시간을 넉넉히 잡아야 하고요. 먼저 천천히 바르게 쓰는 습관을 들이고, 글씨가 어느 정도 자리를 잡으면 그때부터 속도를 올리는 것이 좋아요.

● **원인 5** 급한 성격 탓일 때도 있어요. 무슨 일이든 얼른 끝내고 싶은 마음에 글씨도 대충 쓰고 덮어 버리지요. 심한 경우 지우고 다시 써야 할 일이 없도록 처음부터 정확하게 쓰는 게 더 빠른 길이라는 걸 잊지 말아야 해요.

**해결** "천천히 쓰면 머릿속에 담긴 생각이 다 날아갈 것 같아요."라고 말하는 친구도 있어요. 그 정도면 분명 긴 글일 거예요. 그럴 땐 머릿속에 스치듯 지나가는 생각의 핵심 단어만 추려서 연습장에 써 보는 게 좋아요. 써 둔 단어를 보면서 생각을 한 번 더 다듬고 글을 쓰면, 내용도 논리 정연해지고 글씨도 깔끔해진답니다.

● **원인 6**  <mark>겹쳐 쓰기와 끊어 쓰기가 심해도 악필로 보여요.</mark> 62쪽에서 자세히 다룰게요. 글자 간격만 잘 맞춰도 글씨가 훨씬 잘 읽힐 거예요.

**사례 1**

* 글자 사이 간격이 너무 좁아요.

**사례 2**

* 글자 사이 간격이 넓어 띄어쓰기와 구분이 되지 않아요.

지금까지 악필 유형과 교정법에 대해 살펴봤어요. 글씨는 나는 물론 다른 사람도 쉽게 읽을 수 있도록 써야 해요. 글씨를 대충 흘려 쓰면 아무리 재미있는 내용이라도 알아볼 수 없거든요. 그러니 내 멋진 생각이 반듯한 글씨 속에 더욱 근사하게 담기기를 바라는 마음으로 써 주세요. 분명 같은 글이라도 더 멋진 글로 읽힐 거예요.

✏️ **내 글씨가 예쁘지 않은 원인을 찾아보세요.**

- 손힘이 부족해서예요. (    )
- 연필을 바르게 잡지 않아서예요. (    )
- 글자 모양에 맞게 글씨 쓰는 방법을 몰라서예요. (    )
- 빨리 써야 하는 상황 때문이에요. (    )
- 급한 성격 탓이에요. (    )
- 겹쳐 쓰기와 끊어 쓰기가 심하기 때문이에요. (    )

원인이 하나일 수도, 여러 가지일 수도 있어요. 원인을 알고 하나씩 고쳐 나가면 예쁜 글씨가 손에 익을 거예요.

**부모님에게**

## 글씨를 교정하고 싶게 만드는 말

글씨를 교정하는 아이를 보면서 부모는 어떻게 말해야 할까요? 악필인 아이에게 대다수 부모가 "글씨가 이게 뭐니? 다시 써!"라고 말하곤 해요. 하지만 이 말에는 결과에 대한 평가밖에 없어요. "글씨가 나쁘다, 그러니 다시 써."라는 말이니까요. 이런 피드백은 글씨를 교정하는 데 아무런 도움이 되지 않아요. 입 밖으로 튀어나오려고 할 때 꿀꺽 삼키는 게 나은 말이에요. 무턱대고 다시 쓰라고 하면 특별히 나아지는 게 없을 거예요. 이럴 땐 결과보다 원인을 짚어 주어야 도움이 돼요. 앞서 말한 악필의 원인 여섯 가지 중 내 아이에게 해당되는 부분을 짚어 주면서 자연스럽게 해결책을 제안할 수 있어요.

"우리 ○○이 손의 힘이 부족하구나. 마음속으로 끝까지 꾹꾹 눌러쓴다고 생각하면서 적어 보자. 엄마랑 선 긋기 놀이 한 번 해 볼까?"
"연필이 ○○이 손에 편안하게 누워 있지 못하고 꼿꼿하게 서 있다 보니 자꾸 흔들거리네. 연필이 편안하게 손에 기댈 수 있도록 눕혀 주자."
"엄마랑 함께 글씨를 좀 더 정확하게 쓰는 방법을 찾아볼까?"
"우리 ○○이 마음이 좀 급했구나. 천천히 써도 괜찮아! 혹시 내용이 너무 많으면 요약해서 적어도 괜찮아."

연습을 해도 한순간에 나아지지는 않을 거예요. 그래도 노력한 결과에는 예쁜 글씨 위주로 피드백을 해 주세요. 더 나은 방법을 알려 주면 더 좋고요.

"특히 이 글자는 진짜 예쁘다."
"셋째 줄까지는 프린트로 인쇄한 것 같아."
"'ㄹ' 자가 굉장히 롱 다리네. 키를 조금만 줄이면 더 예쁠 것 같아."

# 03 바른 글씨를 쓰기 위한 자세

글씨를 바르게 쓰려면 가장 먼저 자세를 바로잡아야 해요.

● **바르게 앉아요**

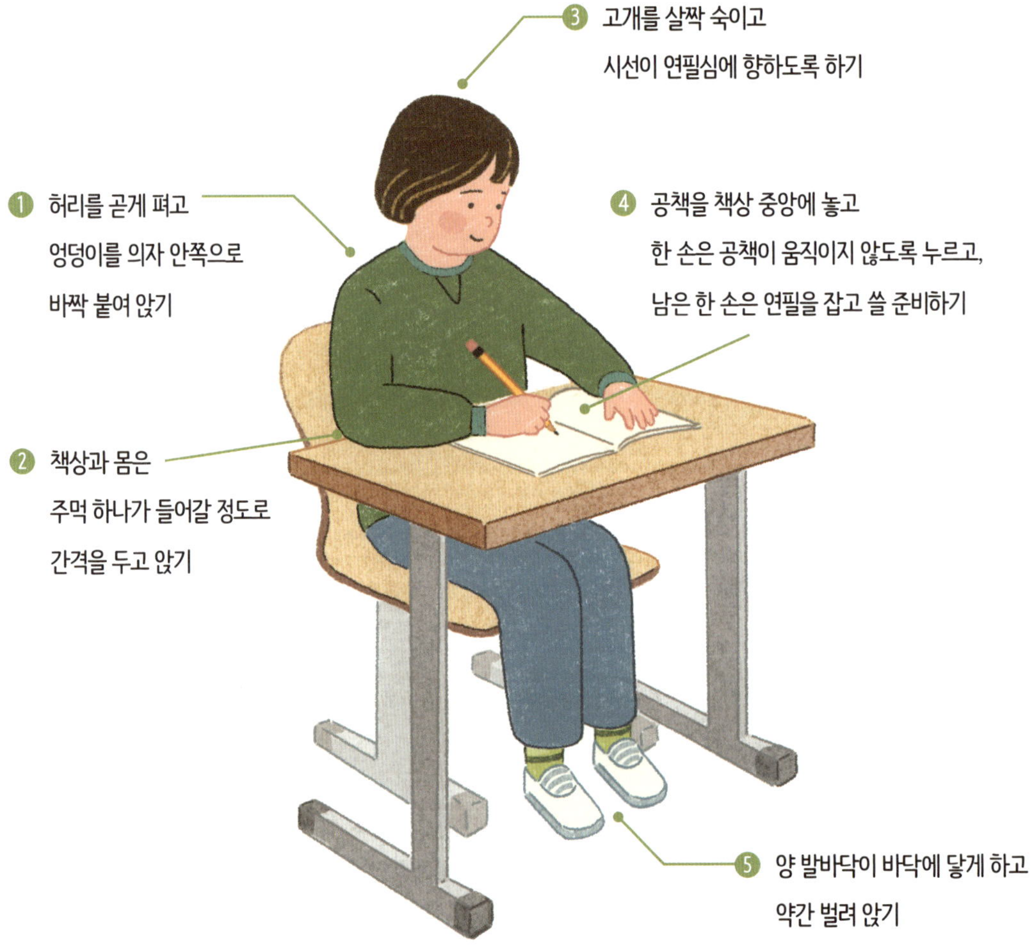

❶ 허리를 곧게 펴고
엉덩이를 의자 안쪽으로
바짝 붙여 앉기

❷ 책상과 몸은
주먹 하나가 들어갈 정도로
간격을 두고 앉기

❸ 고개를 살짝 숙이고
시선이 연필심에 향하도록 하기

❹ 공책을 책상 중앙에 놓고
한 손은 공책이 움직이지 않도록 누르고,
남은 한 손은 연필을 잡고 쓸 준비하기

❺ 양 발바닥이 바닥에 닿게 하고
약간 벌려 앉기

분명 바른 자세로 시작했는데 어느 순간 자세가 흐트러지기도 해요. 다음과 같이 자세가 흐트러지지 않도록 신경 써 주세요.

❶ 엉덩이를 의자 깊숙이 대지 않고 허리를 구부린 자세

❷ 고개를 심하게 숙이거나 엎드린 자세

❸ 고개가 기웃하고 턱을 한 손에 괴고 쓰는 자세

❹ 양 발바닥을 바닥에 대지 않고 교차해서 띄운 자세

● 나는 지금 어떤 자세로 앉아 있나요? (          )

- **바르게 쥐어요**

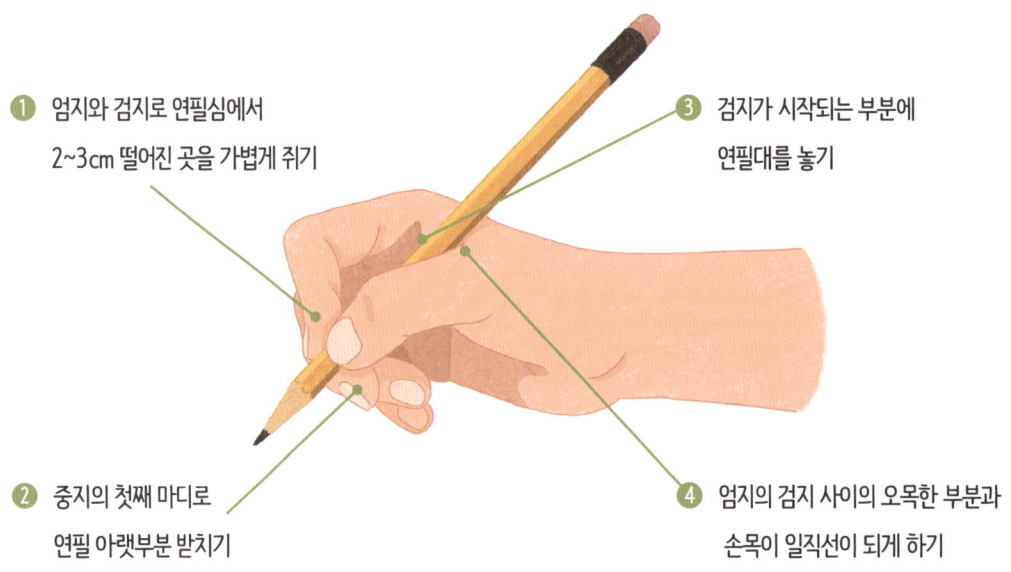

① 엄지와 검지로 연필심에서 2~3cm 떨어진 곳을 가볍게 쥐기
② 중지의 첫째 마디로 연필 아랫부분 받치기
③ 검지가 시작되는 부분에 연필대를 놓기
④ 엄지의 검지 사이의 오목한 부분과 손목이 일직선이 되게 하기

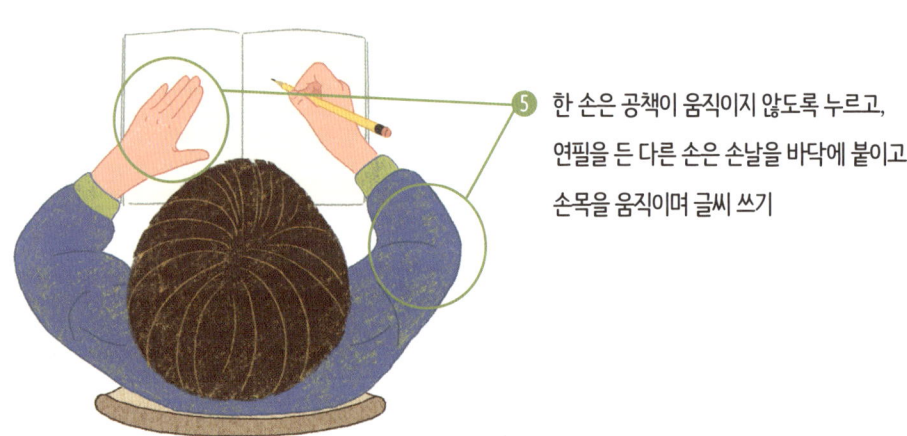

⑤ 한 손은 공책이 움직이지 않도록 누르고, 연필을 든 다른 손은 손날을 바닥에 붙이고 손목을 움직이며 글씨 쓰기

분명 연필을 바르게 잡고 시작했는데, 어느 순간 원래 방식으로 잡고 있는 경우도 많아요. 중간중간 확인해 보세요. 혹시 다음과 같이 연필을 잡고 있지는 않나요?

❶ 연필을 너무 멀리 잡은 자세

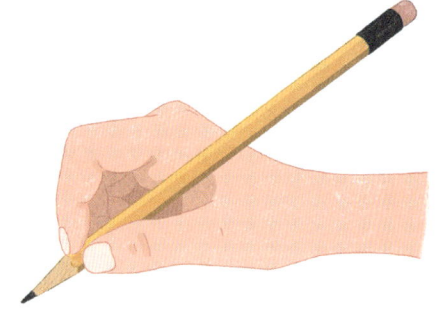

❷ 연필을 너무 짧게 잡고 지나치게 눕힌 자세

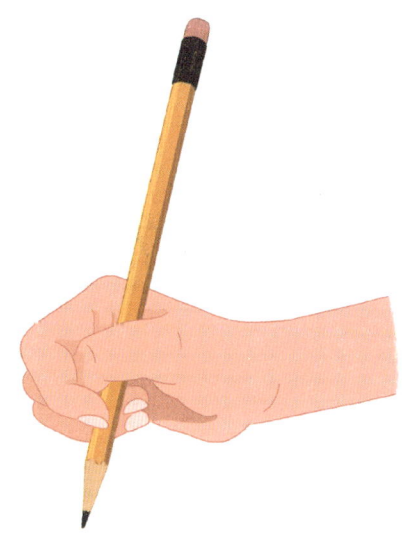

❸ 연필을 너무 세우고 엄지 위치가 바르지 않은 자세

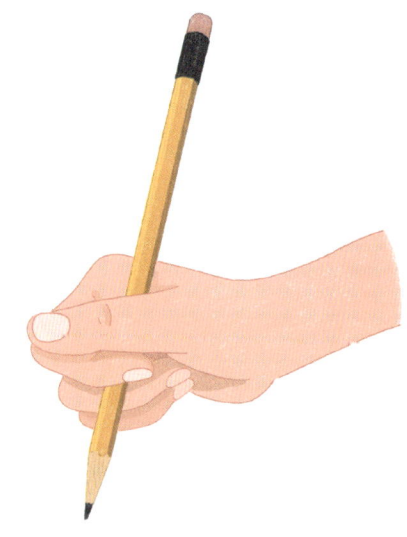

❹ 연필을 너무 멀리 잡고 세운 데다, 엄지와 검지와 중지의 위치가 바르지 않으며 손목이 들린 자세

● 나는 지금 연필을 어떻게 쥐고 있나요? (           )

"이것저것 신경 쓰려니 머리가 너무 아파요!"라고 말할 수 있어요. 이왕이면 바른 자세가 좋지만 힘들어서 도저히 따라 하지 못하겠다면, 우선 '연필을 공책에 최대한 가깝게 눕히려고 노력하겠다!'라는 마음으로 써 보세요. 연필 각도가 수직에 가까워질수록 연필을 움직일 수 있는 범위가 줄어들어 글씨가 작아지고 모양이 제대로 나오지 않기 때문이에요. 이렇게 시작하고 하나씩 바꿔 나가 보아요.

**TIP**
손날을 바닥에 붙이고, 연필대를 엄지와 검지 사이의 오목한 부분에 올려 두기만 해도 안정적으로 글씨를 쓸 수 있어요!

# 04 바른 글씨를 쓰기 위한 준비물

글씨를 교정할 때 쓰기 좋은 필기구와 공책을 알려 줄게요. 필기구가 뭐 그리 중요할까 싶지만 생각보다 훨씬 더 중요해요. 편하게 잘 써지는 필기구라야 더 쓰고 싶고 계속 쓸 수 있거든요.

## ● 연필

4B 연필은 심이 진하고 무른 반면, HB 연필은 심이 연하고 단단해요. 4B 연필로 쓰면 힘을 덜 들이고도 글씨를 진하게 쓸 수 있지만, 그 대신 심이 물러 쓴 글씨가 번지기도 하고 손날에 묻어나곤 해요. 반면 HB 연필은 심이 연하고 단단해 힘을 꾹꾹 주면서 써야 글씨가 선명해요. 그 대신 심이 단단해서 잘 번지지 않아 연필로 쓴 글씨 중에서는 가장 깔끔해 보여요.

4B 심이 매우 진하고 물러요

2B 심이 진하고 물러요

HB 심이 연하고 꽤 단단해요

이런 이유로 글씨 쓰는 힘이 부족한 경우에는 4B 연필로 시작했다가 2B 연필로 넘어가고, 뒤이어 HB 연필로 옮겨 가면 좋아요.

손힘이 부족해 글씨를 쓸 때마다 연필에서 손이 자꾸 미끄러진다면 연필대가 굵은 걸로 바꿔 보세요. 연필 잡는 자세가 자꾸 흐트러진다면 삼각기둥 연필이나 손가락 놓는 위치에 홈이 파인 교정용 연필도 좋아요.

스테들러 노리스 점보 삼각 연필 **연필대가 굵고 삼각 기둥이에요**

스타빌로 이지그래프 연필 **손가락 놓는 위치에 홈이 파여 있어요**

## ● 샤프펜슬

샤프펜슬은 글씨 교정 용도로는 알맞지 않아요. 글씨를 교정할 때는 크게 써야 고칠 부분도 잘 보이고 힘 조절도 되는데, 샤프펜슬은 심이 워낙 가늘어 글씨를 작게 쓰는 버릇이 생기고, 조금만 힘을 줘도 심이 쉽게 부러져서 글씨를 쓰는 데 집중할 수 없기 때문이에요. 이런 이유로 글씨를 교정할 때는 연필로 쓰길 권하지만, 그럼에도 샤프펜슬이 너무 쓰고 싶다면 심이 굵은 걸로 쓰길 권해요.(0.9mm 이상.)

## ● 펜

펜은 어느 정도 글씨를 교정한 후에 쓰길 권하지만, 공책 정리는 검은색만 있는 연필보다는 색이 다양한 펜을 쓰는 경우가 많으므로 소개할게요. 펜은 글씨가 일정한 굵기로 써지는 볼이 없는 것이 좋아요. 볼이 있으면 힘을 조금만 줘도 볼이 미끄러져 글씨를 반듯하게 쓰기가 어려워요. 그리고 수성 펜보다는 덜 번지는 중성 펜이나 유성 펜이 나아요. 저는 굵기와 색도 다양하고 형광펜으로 그어도 덜 번지는 피그먼트 펜을 좋아해요. 볼이 없어 획을 천천히 반듯하게 그을 수 있어서 글씨가 예쁘게 써지거든요.

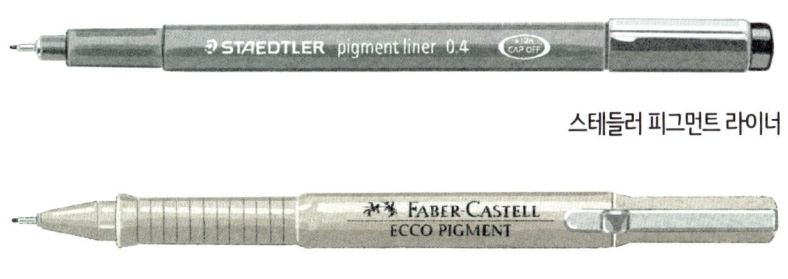

스테들러 피그먼트 라이너

파버카스텔 에코 피그먼트

공책에 따라서도 글씨가 잘 써지거나 안 써지기도 해요. 공책도 살펴볼게요.

### ● 네모 공책

처음 글씨 연습을 할 때는 네모 공책을 사용하길 권해요. 칸이 커서 큰 글자를 연습하기 좋고, 한 칸에 한 자씩 쓰다 보면 글자의 균형감을 익힐 수 있어요. 글씨가 어느 정도 교정되었지만 균형감을 좀 더 익히려면 원고지에 써 보는 것도 좋아요. 네모 공책처럼 글자 한 자 한 자를 집중해서 쓸 수 있어 균형감을 익히는 데 도움을 주거든요.

### ● 줄 공책

줄 공책으로는 문장의 균형감을 익히기 좋아요. 글자와 글자 사이 간격(자간), 띄어쓰기 간격, 문장의 높이 등을 연습을 통해 감각적으로 익힐 수 있거든요.

### ● 모눈 공책

줄 공책 못지않게 모눈 공책도 많이 써요. 글자의 기준선이나 높낮이를 모눈 선에 맞추면 돼 내용을 깔끔하게 정리할 수 있거든요. 모눈이 연하게 그어져 글씨에 집중할 수 있고, 구분선이나 표도 모눈 선에 맞춰 그으면 깔끔하게 그릴 수 있어요. 가운데 선을 그어 주면 수학 문제 풀이용으로 쓰기에도 좋아요.

**부모님에게**

## 다양한 필기구를 접하게 해 주세요!

성인용 글씨 교본에서는 다양한 필기구를 소개하지만, 초등용 글씨 교본은 주로 색연필과 연필을 추천해요. 손힘을 기르고 제어하는 법을 익히는 데 연필만 한 필기구가 없거든요. 이런 이유로 아이가 샤프펜슬이나 펜을 쓰고 싶다고 하면 말리는 부모가 많아요. 하지만 저는 아이가 원한다면 사 주길 권해요. 다만 샤프펜슬을 쓰고 싶어 하는 아이에게는 0.9mm 이상, 펜을 쓰고 싶어 하는 아이에게는 피그먼트같이 볼이 없는 중성 펜으로 유도하면 좋아요.

당장 손힘을 기르는 것보다 아이가 글씨 쓰기에 재미를 붙이도록 하는 게 더 중요하기 때문이에요. 무엇보다 아이들은 필기구에 무척 관심이 많아요. 어딘지 좋아 보이는 필기구가 교실에 등장하면 너도나도 써 보겠다고 나서는 게 아이들이거든요. 그렇게 이것저것 써 보면서 본인 손에 잘 맞고 유독 글씨가 잘 써지는 필기구를 발견하기도 하고요. 필기구에 의지해서라도 앞으로 나아갈 수 있다면 독려해 주세요. 마음에 드는 필기구가 생기면 한 자라도 더 쓸 거예요. 쓰다 보면 자연스럽게 손힘이 생기고 글씨를 보는 눈도 키워져 더 예쁘게 쓰려고 노력할 거고요.

집에 사 놓고 쓰지 않는 학용품이 많을 수 있어요. 그럼에도 저는 글씨 교정 시기에는 다양한 색 펜, 형광펜, 포스트잇 등을 사도록 지원해 주길 권해요. 연필도 이것저것 써 보게 해서 스스로 필기감이 좋은 걸 찾게 해도 좋고요. 가장 좋은 건 부모님이 아이와 함께 대형 문구점을 방문해 보는 거예요. 교보문고에 가서 책을 고른 다음, 핫트랙스에 들러 문구도 보고 사 오는 식이지요.

# 05 함께 연습해 볼 글씨체

글씨를 교정하겠다고 마음먹으면서 머릿속에 그려 둔 글씨체가 있나요? 세상에는 사람 수만큼 다양한 글씨체가 있어요. 그중에서 우리는 어떤 글씨체를 연습할까요? 일단 대표적인 글씨체 두 가지를 살펴볼게요.

첫 번째는 획의 시작 부분이 장식이 붙은 것처럼 살짝 꺾인 명조체예요. 가장 편안하게 잘 읽혀 인쇄물 본문 글씨체로 널리 쓰여요. 하지만 글씨를 교정하려는 용도로는 적합하지 않아요. 꺾임이 있어 익히기 어렵고 시간도 오래 걸리기 때문이에요.

## 사랑해 ← 명조체

두 번째는 획에 꺾임이 없고 네모반듯한 고딕체예요. 획에 꺾임이 없어서 명조체보다 빠르고 쉽게 익힐 수 있어요. 그래서 글씨를 교정하려는 경우에 추천하는 글씨체예요. 우리도 이 책에서 고딕체를 기본으로 연습해 볼 거예요.

## 사랑해 ← 고딕체

혹시 조금 귀엽거나 조금 세련된 글씨체를 원하나요? 그래도 일단은 고딕체로 글씨를 가다듬고 나아가 보세요. 한 가지 글씨체의 균형이 잡히면 다른 글씨체로 변형해 나가기도 훨씬 쉽거든요. 그럼, 시작해 볼까요?

**1일** 모음자와 자음자 쓰기

**2일** 글자 기본형 익히기

**3일** 기분이 좋아지는 낱말 쓰기

**4일** 마음을 전하는 낱말 쓰기

**5일** 몸이 들썩거리는 낱말 쓰기

글씨가 예뻐지는 4주 클래스

### 1주 차

# 낱말 바르게 쓰기

1주 차에는 한글의 기본 모양을 익혀 볼 거예요. 첫 날은 손힘도 기르고 반듯한 획을 그을 수 있도록 선을 긋는 연습부터 할 거예요. 둘째 날은 기본 글 자를 써 보면서 글자 모양을 익힐 거고, 셋째 날은 기분이 좋아지는 낱말, 넷째 날은 마음을 전하는 낱말, 다섯째 날은 몸이 들썩거리는 낱말을 써 볼 거예요.

1주 차에는 가로와 세로에 점선이 들어간 네모 칸 에 글씨를 쓰려고 해요. 글씨를 연습할 때는 무조건 천천히, 크게 써 버릇해야 해요. 그래야 획을 바르 게 긋는 연습이 되고, 모양과 비율이 잘 드러나 고 칠 부분도 잘 보이거든요. 이렇게 보이는 부분을 하 나씩 고쳐 나가다 보면 금세 글씨가 정돈될 거예요.

## 1일차 모음자와 자음자 쓰기

한글은 자음과 모음이 합쳐져 글자 한 자가 완성돼요. 합쳐졌을 때 익히는 균형감은 내일부터 살펴보기로 하고 오늘은 자음과 모음을 각각 바르게 쓰는 연습을 해 볼게요.

● **모음자 기본 획 연습**

모음은 천지인의 창제 원리로 만들어졌어요. 이 천지인은 가로획과 세로획 그리고 점의 역할을 하는 짧은 획으로 되어 있어서, 가로획과 세로획을 일정한 굵기와 길이로 선 긋는 연습을 하면 좋아요.

● **자음자 기본 획 연습**

자음은 기본 형태에 획을 추가해서 새로운 자음을 만들어요.

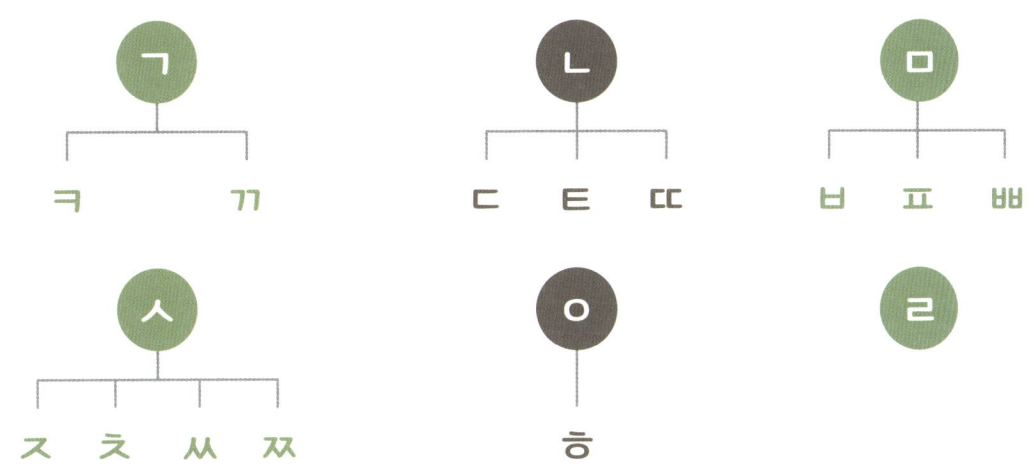

자음자는 글자의 높이와 너비가 같도록 맞춰요.

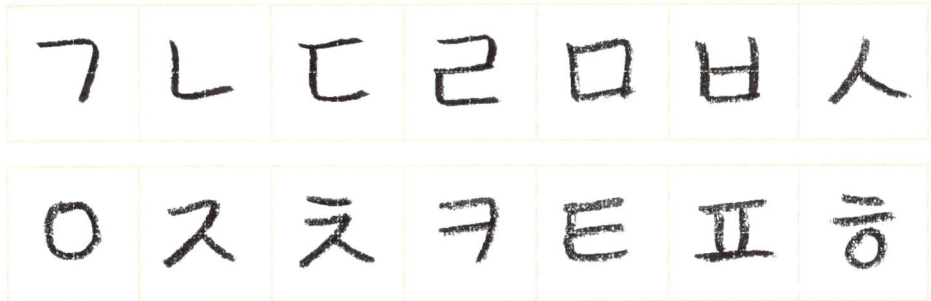

획이 끊어지면 덜 예쁘고 읽기도 어려워요.

중간 획이 위쪽이나 아래쪽으로 치우치면 균형감을 잃어요.

삐침 획은 너무 짧거나 길어도, 너무 붙거나 떨어져도 예쁘지 않아요. 삐침 획의 방향은 왼쪽 위에서 오른쪽 아래로 내려오도록 적어야 해요.

'ㅎ'은 획이 너무 떨어져도 너무 붙어도 안 돼요.

앞서 말한 부분을 떠올리면서 연습해 볼까요? 자음은 모음의 왼쪽에 위치하는지, 위쪽에 위치하는지, 아래쪽에 위치하는지에 따라 모양이 달라질 수 있어요. 위치에 따라 달라지는 모양을 비교하며 따라 써 보세요.

| 가 | 카 | 까 | 가 | 카 | 까 | 가 | 카 |
| 고 | 코 | 꼬 | 고 | 코 | 꼬 | 고 | 코 |
| 극 | 큭 | 끅 | 극 | 큭 | 끅 | 극 | 큭 |
| 나 | 다 | 타 | 따 | 나 | 다 | 타 | 따 |
| 노 | 도 | 토 | 또 | 노 | 도 | 토 | 또 |
| 는 | 든 | 튼 | 뜬 | 는 | 든 | 튼 | 뜬 |
| 마 | 바 | 파 | 빠 | 마 | 바 | 파 | 빠 |
| 모 | 보 | 포 | 뽀 | 모 | 보 | 포 | 뽀 |
| 음 | 븝 | 픞 | 쁨 | 음 | 븝 | 픞 | 쁨 |

| 사 | 자 | 싸 | 짜 | 사 | 자 | 싸 | 짜 |
|---|---|---|---|---|---|---|---|
| 소 | 조 | 쏘 | 쪼 | 소 | 조 | 쏘 | 쪼 |
| 숫 | 즛 | 쑷 | 쯧 | 숫 | 즛 | 쑷 | 쯧 |
| 차 | 아 | 하 | 라 | 차 | 아 | 하 | 라 |
| 초 | 오 | 호 | 로 | 초 | 오 | 호 | 로 |
| 츷 | 응 | 흥 | 를 | 츷 | 응 | 흥 | 를 |

# 2일차 글자 기본형 익히기

한글은 자음+모음 또는 자음+모음+받침(자음)이 모여 글자 한 자가 만들어져요. 오늘부터는 자음과 모음을 붙여서 써 보는 연습을 할 거예요.

● **자음, 모음, 받침의 간격과 크기와 위치**

글자를 쓸 때는 자음과 모음 사이의 간격이 조화로워야 해요. "밥을 먹어요."라는 문장을 살펴볼게요.

❶ 자음과 모음 사이의 간격이 벌어지면 글자가 한눈에 들어오지 않아요.

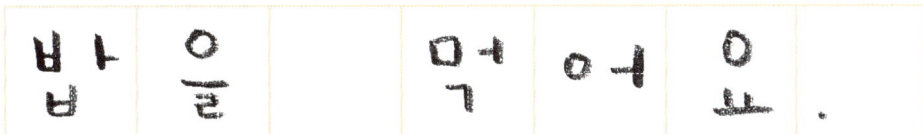

❷ 자음과 모음 사이가 바짝 붙으면 위태로워 보여요.

❸ 자음과 모음을 겹쳐 쓰면 알아보기 어려워요.

밥을 먹어요.

❹ 모음이 자음보다 짧아도 위태로워 보여요.

❺ 받침 크기가 너무 커지거나 받침 없는 글자를 너무 작게 쓰면 균형이 맞지 않아요.

❻ 받침 위치가 왼쪽이나 오른쪽으로 치우쳐도 균형을 잃어요.

❼ 자음과 모음 사이의 간격이 일정해 조화로워 보여요.

- **한글의 자형**

한글은 모음의 위치와 길이에 따라 네 가지(◁, △, □, ◇) 모양이에요.

❶ ◁ 모양 : 모음 ㅣ, ㅏ, ㅑ, ㅓ, ㅕ, ㅐ, ㅔ, ㅒ, ㅖ 등이 오른쪽에 서 있는 모양
❷ △ 모양 : 모음 ㅡ, ㅗ, ㅛ 등이 아래에 누워 있는 모양
❸ □ 모양 : 모음이 오른쪽에 서 있고 받침이 있는 모양
❹ ◇ 모양 : 모음이 아래에 누워 있고 받침이 있는 모양과 모음 ㅜ, ㅠ 등이 아래에 누워 있는 모양

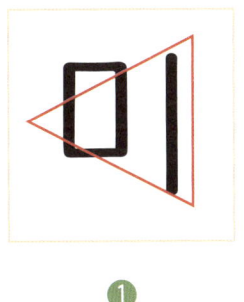   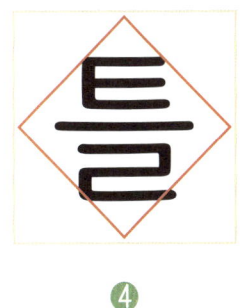

❶ ❷ ❸ ❹

❶ ◁ 모양 : 모음이 오른쪽에 서 있는 글자 쓰기

| 가 | 냐 | 다 | 랴 | 마 | 뱌 | 사 |
|---|---|---|---|---|---|---|
| 가 | 냐 | 다 | 랴 | 마 | 뱌 | 사 |
|   |   |   |   |   |   |   |

❷ △ 모양 : 모음 ㅡ, ㅗ, ㅛ 등이 아래에 누워 있는 글자 쓰기

| 그 | 노 | 됴 | 르 | 모 | 뵤 | 스 |
|---|---|---|---|---|---|---|
| 그 | 노 | 됴 | 르 | 모 | 뵤 | 스 |
|   |   |   |   |   |   |   |

❸ □ 모양 : 모음이 오른쪽에 서 있고 받침이 있는 글자 쓰기

| 억 | 전 | 첫 | 켬 | 털 | 평 | 헙 |
|---|---|---|---|---|---|---|
| 억 | 전 | 첫 | 켬 | 털 | 평 | 헙 |
|   |   |   |   |   |   |   |

❹ ◇ 모양 : 모음이 아래에 누워 있고 받침이 있는 글자와 모음 ㅜ, ㅠ 등이 아래에 누워 있는 글자 쓰기

| 우 | 쥬 | 촛 | 콕 | 툴 | 품 | 훗 |
|---|---|---|---|---|---|---|
| 우 | 쥬 | 촛 | 콕 | 툴 | 품 | 훗 |
|   |   |   |   |   |   |   |

## 3일차 | 기분이 좋아지는 낱말 쓰기

오늘은 기분이 좋아지는 낱말을 써 볼 거예요. 뜻을 아는 낱말도 있고 모르는 낱말도 있을 거예요. 모르는 낱말은 꼭 사전에서 뜻을 찾아보세요.

| 해 | 달 | 별 | 눈 | 돌 | 물 | 비 | 꽃 | 집 | 빛 |
|---|---|---|---|---|---|---|---|---|---|
| 해 | 달 | 별 | 눈 | 돌 | 물 | 비 | 꽃 | 집 | 빛 |
|   |   |   |   |   |   |   |   |   |   |

| 흙 | 품 | 안 | 개 | 바 | 람 | 구 | 름 | 하 | 늘 |
|---|---|---|---|---|---|---|---|---|---|
| 흙 | 품 | 안 | 개 | 바 | 람 | 구 | 름 | 하 | 늘 |
|   |   |   |   |   |   |   |   |   |   |

| 얼 | 굴 | 엄 | 마 | 아 | 빠 | 동 | 생 | 아 | 이 |
|---|---|---|---|---|---|---|---|---|---|
| 얼 | 굴 | 엄 | 마 | 아 | 빠 | 동 | 생 | 아 | 이 |
|   |   |   |   |   |   |   |   |   |   |

**글씨는 자주 써야 늘어요!**

| 마 | 음 | 선 | 물 | 스 | 누 | 피 | 까 | 치 | 발 |
|---|---|---|---|---|---|---|---|---|---|
| 마 | 음 | 선 | 물 | 스 | 누 | 피 | 까 | 치 | 발 |
|   |   |   |   |   |   |   |   |   |   |

| 흔 | 한 | 남 | 매 | 깜 | 냥 | 고 | 슴 | 도 | 치 |
|---|---|---|---|---|---|---|---|---|---|
| 흔 | 한 | 남 | 매 | 깜 | 냥 | 고 | 슴 | 도 | 치 |
|   |   |   |   |   |   |   |   |   |   |

| 불 | 꽃 | 놀 | 이 | 눈 | 썰 | 미 | 발 | 장 | 구 |
|---|---|---|---|---|---|---|---|---|---|
| 불 | 꽃 | 놀 | 이 | 눈 | 썰 | 미 | 발 | 장 | 구 |
|   |   |   |   |   |   |   |   |   |   |
|   |   |   |   |   |   |   |   |   |   |

텃밭 싸라기 별알음알음

텃밭 싸라기 별알음알음

오동포동해 거름 손톱 달

오동포동해 거름 손톱 달

주전부리 햇살 솜병아리

주전부리 햇살 솜병아리

**글씨는 천천히 써야 늘어요!**

하 늘 나 무 공 원 활 개 산 책

하 늘 나 무 공 원 활 개 산 책

여 행 언 덕 바 다 소 풍 손 짓

여 행 언 덕 바 다 소 풍 손 짓

마 카 롱 스 콘 샌 드 위 치 섬

마 카 롱 스 콘 샌 드 위 치 섬

벚꽃숲자전거스마트폰

아이스크림인스타그램

그루잠　동살　함박눈

**글씨는 꾸준히 써야 늘어요!**

| 가 | 람 | | 윤 | 슬 | | 하 | 늬 | 바 | 람 |

| 가 | 람 | | 윤 | 슬 | | 하 | 늬 | 바 | 람 |

| | | | | | | | | | |

| 나 | 르 | 샤 | | 혜 | 윰 | | 비 | 나 | 리 |

| 나 | 르 | 샤 | | 혜 | 윰 | | 비 | 나 | 리 |

| | | | | | | | | | |

| 너 | 나 | 들 | 이 | | 라 | 온 | | 이 | 든 |

| 너 | 나 | 들 | 이 | | 라 | 온 | | 이 | 든 |

| | | | | | | | | | |

| | | | | | | | | | |

# 4일차 마음을 전하는 낱말 쓰기

오늘은 기분과 마음을 전하는 낱말을 써 볼 거예요. 평소에 마음을 들여다보고, 적당한 낱말을 찾아서 이름을 붙이고, 글씨로 써 보세요. 감정이 선명해질 거예요.

| 안 | 녕 | 반 | 가 | 워 | 고 | 마 | 워 | 감 | 동 |
|---|---|---|---|---|---|---|---|---|---|
| 안 | 녕 | 반 | 가 | 워 | 고 | 마 | 워 | 감 | 동 |
|   |   |   |   |   |   |   |   |   |   |

| 신 | 나 | 사 | 랑 | 해 | 축 | 하 | 해 | 설 | 렘 |
|---|---|---|---|---|---|---|---|---|---|
| 신 | 나 | 사 | 랑 | 해 | 축 | 하 | 해 | 설 | 렘 |
|   |   |   |   |   |   |   |   |   |   |

| 응 | 원 | 해 | 행 | 복 | 해 | 다 | 시 | 만 | 나 |
|---|---|---|---|---|---|---|---|---|---|
| 응 | 원 | 해 | 행 | 복 | 해 | 다 | 시 | 만 | 나 |
|   |   |   |   |   |   |   |   |   |   |

 글씨에도 기분이 있어요!

| 귀 | 여 | 워 | 놀 | 라 | 워 | 보 | 람 | 가 | 득 |
|---|---|---|---|---|---|---|---|---|---|
| 귀 | 여 | 워 | 놀 | 라 | 워 | 보 | 람 | 가 | 득 |
|   |   |   |   |   |   |   |   |   |   |

| 다 | 정 | 해 | 근 | 사 | 해 | 기 | 대 | 된 | 다 |
|---|---|---|---|---|---|---|---|---|---|
| 다 | 정 | 해 | 근 | 사 | 해 | 기 | 대 | 된 | 다 |
|   |   |   |   |   |   |   |   |   |   |

| 유 | 쾌 | 해 | 자 | 랑 | 스 | 러 | 워 | 기 | 뻐 |
|---|---|---|---|---|---|---|---|---|---|
| 유 | 쾌 | 해 | 자 | 랑 | 스 | 러 | 워 | 기 | 뻐 |
|   |   |   |   |   |   |   |   |   |   |
|   |   |   |   |   |   |   |   |   |   |

| 즐 | 거 | 워 | 뿌 | 듯 | 해 | 감 | 동 | 이 | 야 |
|---|---|---|---|---|---|---|---|---|---|
| 즐 | 거 | 워 | 뿌 | 듯 | 해 | 감 | 동 | 이 | 야 |
|   |   |   |   |   |   |   |   |   |   |

| 룰 | 루 | 랄 | 라 |   | 감 | 격 | 스 | 러 | 워 |
|---|---|---|---|---|---|---|---|---|---|
| 룰 | 루 | 랄 | 라 |   | 감 | 격 | 스 | 러 | 워 |
|   |   |   |   |   |   |   |   |   |   |

| 벅 | 차 | 올 | 라 | 자 | 꾸 | 보 | 고 | 싶 | 어 |
|---|---|---|---|---|---|---|---|---|---|
| 벅 | 차 | 올 | 라 | 자 | 꾸 | 보 | 고 | 싶 | 어 |
|   |   |   |   |   |   |   |   |   |   |
|   |   |   |   |   |   |   |   |   |   |

**마음을 담은 글씨를 써 볼까요?**

| 흐 | 뭇 | 해 | 신 | 기 | 해 | 날 | 아 | 올 | 라 |
|---|---|---|---|---|---|---|---|---|---|
| 흐 | 뭇 | 해 | 신 | 기 | 해 | 날 | 아 | 올 | 라 |
|   |   |   |   |   |   |   |   |   |   |

| 가 | 뿐 | 해 | 통 | 쾌 | 해 | 희 | 망 | 가 | 득 |
|---|---|---|---|---|---|---|---|---|---|
| 가 | 뿐 | 해 | 통 | 쾌 | 해 | 희 | 망 | 가 | 득 |
|   |   |   |   |   |   |   |   |   |   |

| 근 | 사 | 해 | 기 | 대 | 돼 | 하 | 하 | 호 | 호 |
|---|---|---|---|---|---|---|---|---|---|
| 근 | 사 | 해 | 기 | 대 | 돼 | 하 | 하 | 호 | 호 |
|   |   |   |   |   |   |   |   |   |   |
|   |   |   |   |   |   |   |   |   |   |

따뜻해 그리워 아름다워

따뜻해 그리워 아름다워

참 좋아 상쾌해 의기양양

참 좋아 상쾌해 의기양양

파이팅 대단해 멋져 빛나

파이팅 대단해 멋져 빛나

### 누군가에게 마음을 전하고 싶지 않나요?

| 재 | 밌 | 어 | 궁 | 금 | 해 | 만 | 세 | 최 | 고 |
|---|---|---|---|---|---|---|---|---|---|
| 재 | 밌 | 어 | 궁 | 금 | 해 | 만 | 세 | 최 | 고 |
|   |   |   |   |   |   |   |   |   |   |

| 자 | 신 | 만 | 만 | 알 | 쏭 | 달 | 쏭 | 야 | 호 |
|---|---|---|---|---|---|---|---|---|---|
| 자 | 신 | 만 | 만 | 알 | 쏭 | 달 | 쏭 | 야 | 호 |
|   |   |   |   |   |   |   |   |   |   |

| 편 | 안 | 해 | 활 | 기 | 차 | 두 | 근 | 두 | 근 |
|---|---|---|---|---|---|---|---|---|---|
| 편 | 안 | 해 | 활 | 기 | 차 | 두 | 근 | 두 | 근 |
|   |   |   |   |   |   |   |   |   |   |
|   |   |   |   |   |   |   |   |   |   |

# 5일차 : 몸이 들썩거리는 낱말 쓰기

오늘은 문장을 쓸 때 생생함을 전하는 흉내 내는 낱말을 써 볼 거예요. 글뿐만 아니라 말할 때도 흉내 내는 말을 섞어 써 보세요. 훨씬 생기 있고 활기차게 들린답니다.

| 씽 | 씽 | 쌩 | 쌩 | 헉 | 헉 | 헥 | 헥 | 훨 | 훨 |
|---|---|---|---|---|---|---|---|---|---|
| 씽 | 씽 | 쌩 | 쌩 | 헉 | 헉 | 헥 | 헥 | 훨 | 훨 |
|   |   |   |   |   |   |   |   |   |   |

| 꿀 | 꺽 | 꿀 | 꺽 | 냠 | 냠 | 쩝 | 쩝 | 뚝 | 뚝 |
|---|---|---|---|---|---|---|---|---|---|
| 꿀 | 꺽 | 꿀 | 꺽 | 냠 | 냠 | 쩝 | 쩝 | 뚝 | 뚝 |
|   |   |   |   |   |   |   |   |   |   |

| 번 | 쩍 | 번 | 쩍 | 조 | 용 | 조 | 용 | 흑 | 흑 |
|---|---|---|---|---|---|---|---|---|---|
| 번 | 쩍 | 번 | 쩍 | 조 | 용 | 조 | 용 | 흑 | 흑 |
|   |   |   |   |   |   |   |   |   |   |

 글씨 쓰기에 슬슬 재미가 붙지 않나요?

| 폴 | 짝 | 폴 | 짝 | 들 | 썩 | 들 | 썩 | 쿵 | 쿵 |
|---|---|---|---|---|---|---|---|---|---|
| 폴 | 짝 | 폴 | 짝 | 들 | 썩 | 들 | 썩 | 쿵 | 쿵 |
|   |   |   |   |   |   |   |   |   |   |

| 오 | 물 | 오 | 물 | 둥 | 실 | 둥 | 실 | 쾅 | 쾅 |
|---|---|---|---|---|---|---|---|---|---|
| 오 | 물 | 오 | 물 | 둥 | 실 | 둥 | 실 | 쾅 | 쾅 |
|   |   |   |   |   |   |   |   |   |   |

| 바 | 삭 | 바 | 삭 | 와 | 그 | 작 | 와 | 그 | 작 |
|---|---|---|---|---|---|---|---|---|---|
| 바 | 삭 | 바 | 삭 | 와 | 그 | 작 | 와 | 그 | 작 |
|   |   |   |   |   |   |   |   |   |   |
|   |   |   |   |   |   |   |   |   |   |

느릿느릿덜컹덜컹방긋

어슬렁어슬렁조마조마

와글와글왁자지껄슬쩍

벌써 글씨를 연습한 지 닷새가 되었어요!

| 허 | 둥 | 지 | 둥 | 꼬 | 르 | 륵 | 꼬 | 르 | 륵 |

| 뚜 | 벅 | 뚜 | 벅 | 싱 | 글 | 벙 | 글 | 덜 | 덜 |

| 두 | 리 | 번 | 두 | 리 | 번 | 울 | 렁 | 울 | 렁 |

| 후 | 들 | 후 | 들 | 방 | 울 | 방 | 울 | 엉 | 엉 |
|---|---|---|---|---|---|---|---|---|---|
| 후 | 들 | 후 | 들 | 방 | 울 | 방 | 울 | 엉 | 엉 |
|   |   |   |   |   |   |   |   |   |   |

| 따 | 르 | 릉 | 따 | 르 | 릉 | 또 | 박 | 또 | 박 |
|---|---|---|---|---|---|---|---|---|---|
| 따 | 르 | 릉 | 따 | 르 | 릉 | 또 | 박 | 또 | 박 |
|   |   |   |   |   |   |   |   |   |   |

| 꼼 | 지 | 락 | 꼼 | 지 | 락 | 소 | 곤 | 소 | 곤 |
|---|---|---|---|---|---|---|---|---|---|
| 꼼 | 지 | 락 | 꼼 | 지 | 락 | 소 | 곤 | 소 | 곤 |
|   |   |   |   |   |   |   |   |   |   |
|   |   |   |   |   |   |   |   |   |   |

## 낱말 쓰기가 드디어 끝났어요!

| 속 | 닥 | 속 | 닥 | 꾸 | 벅 | 꾸 | 벅 | 반 | 짝 |
|---|---|---|---|---|---|---|---|---|---|
| 속 | 닥 | 속 | 닥 | 꾸 | 벅 | 꾸 | 벅 | 반 | 짝 |
|   |   |   |   |   |   |   |   |   |   |

| 우 | 물 | 쭈 | 물 | 살 | 랑 | 살 | 랑 | 우 | 쭐 |
|---|---|---|---|---|---|---|---|---|---|
| 우 | 물 | 쭈 | 물 | 살 | 랑 | 살 | 랑 | 우 | 쭐 |
|   |   |   |   |   |   |   |   |   |   |

| 빙 | 글 | 빙 | 글 | 하 | 늘 | 하 | 늘 | 부 | 글 |
|---|---|---|---|---|---|---|---|---|---|
| 빙 | 글 | 빙 | 글 | 하 | 늘 | 하 | 늘 | 부 | 글 |
|   |   |   |   |   |   |   |   |   |   |
|   |   |   |   |   |   |   |   |   |   |

**생각나는, 좋아하는, 쓰고 싶은 낱말을 써 보세요.**

| 6일 | 문장 바르게 쓰기 ① | ☐ |
| 7일 | 문장 바르게 쓰기 ② | ☐ |
| 8일 | 문장 바르게 쓰기 ③ | ☐ |
| 9일 | 문장 바르게 쓰기 ④ | ☐ |
| 10일 | 문장 바르게 쓰기 ⑤ | ☐ |

글씨가 예뻐지는 4주 클래스

### 2주차

# 문장 바르게 쓰기

오늘부터는 줄 공책에 문장을 써 볼 거예요. 네모 틀이나 원고지는 글자 한 자를 한 칸에 쓰고, 띄어쓰기는 한 칸을 띄우고 쓰면 되므로 글자 한 자 한 자에 집중할 수 있어요. 반면 줄 공책은 가로선만 있기 때문에 글자와 글자 사이 간격, 띄어쓰기 간격, 글자 크기와 기준선 등을 신경 써야 해요. 같은 글씨라도 간격 조절을 잘하면 훨씬 단정해 보이고 더 예쁘게 보인답니다. 자, 그럼 줄 공책에 문장을 써 볼까요?

# 6일차 문장 바르게 쓰기 (1)

● **글자와 글자 사이의 간격**

네모 공책이나 원고지에 글씨를 쓸 때와 달리 줄 공책에 글씨를 쓸 때는 글자와 글자 사이의 간격(자간)을 고려해서 글을 써야 해요. "모든 일에는 이유가 있다."라는 문장을 써 볼게요. 어떤 부분을 고치면 좋을까요?

❶ 글자 사이 간격이 너무 좁으면 글자가 한눈에 들어오지 않아요.

❷ 글자 사이 간격이 너무 넓어 읽기 힘들어요.

❸ 글자 사이 간격이 일정하지 않아요.

❹ 글자와 글자 사이가 겹치지도, 너무 넓지도 않아요. 참 잘 썼어요!

## ● 띄어쓰기 간격

띄어쓰기도 바르게 쓰는 게 중요해요. 하지만 낱말 사이 간격도 엄청 신경 써야 한답니다. 띄어쓰기로 의미가 완전히 달라지는 대표적 문장인 "아버지가 방에 들어가신다."를 써 볼게요. 다음 문장에서 어떤 점을 고쳐야 할까요?

❶ 띄어쓰기를 아예 안 했군요!

❷ 글자 사이 간격이 다 넓군요!

❸ 띄어쓰기 간격이 고르지 않군요!

❹ 참 잘 썼어요!

## ● 줄 간격

줄 간격도 중요해요. 하지만 특별한 경우가 아니라면 학생 때는 줄이 그어진 공책을 주로 쓰므로 줄 간격을 너무 신경 쓸 필요는 없어요. 그 대신 기준선을 잘 맞춰 써야 해요.

## ● 기준선

글자 한 자 한 자는 잘 쓰는데 문장을 쓰라고 하면 글자가 커졌다 작아졌다 하고, 기준선이 오르락내리락하는 경우가 많아요.

❶ 글자 크기가 커졌다 작아졌다 해서 기준선이 오르락내리락하는 경우

→ 이번엔 꼭! 살짝 욕심이 생겼습니다.

❷ 글자 크기는 동일한데 기준선이 오르락내리락하는 경우

→ 이번엔 꼭! 살짝 욕심이 생겼습니다.

❸ 글자도 커졌다 작아졌다하고 기준선도 오르락내리락하는 경우

→ 이번엔 꼭! 살짝 욕심이 생겼습니다.

❹ 참 잘 썼어요!

→ 이번엔 꼭! 살짝 욕심이 생겼습니다.

글자 크기는 조금 헷갈릴 수 있어요. 받침이 있는 글자와 받침이 없는 글자의 높이를 맞추는 게 어렵거든요. 일단 받침이 있건 없건 글자 높이를 똑같이 쓰는 습관을 들이세요. 글자 기준선도 맞춰 주면 문장이 훨씬 깔끔해 보여요. 위쪽 선에 맞추면 글씨가 들떠서 위태해 보이므로, 위와 아래에 동일한 공간이 생기도록 글씨를 쓰는 게 가장 좋아요. 조금 어렵다면 아래쪽 선에 맞춰 써도 괜찮아요.

오늘부터 10일 차까지는 동화책 도입부 문장을 써 볼 거예요. 이미 읽은 책도 많을 거예요. 읽은 책이라면 책 내용을 다시 떠올려 보면 좋고, 아직 읽지 않은 책이라면 읽어 보길 추천하는 책들이에요. 그럼 시작해 볼까요?

제목
**알사탕**

지은이
**백희나**

출판사
**책읽는곰**

## ✏️ 첫 번째 써 볼 문장입니다.

나는 혼자 논다.

혼자 노는 것도 나쁘지 않다.
친구들은 구슬치기가 얼마나 재미있는지 모른다.
만날 자기들끼리만 논다.
그래서 그냥 혼자 놀기로 했다.

제목
두근두근 편의점
지은이
김영진
출판사
책읽는곰

### ✏️ 두 번째 써 볼 문장입니다.

　내 동생 때문에 정말 짜증 나!
　엄마 아빠가 나한테 관심 갖는 꼴을 못 본다니까.
　그런 주제에 내가 나가 놀려고만 하면 귀신같이 알아채고 따라나서.
　귀찮아서 떼어 놓으려고 하면 엄마한테 쪼르르 달려가서 고자질이지.
　오늘도 녀석을 떼어 내려다 실수로 넘어뜨리고 말았어.

| 제목 |
| --- |
| 슈퍼 거북 |
| 지은이 |
| 유설화 글·그림 |
| 출판사 |
| 책읽는곰 |

## ✏️ 세 번째 써 볼 문장입니다.

경주에 이긴 거북이 꾸물이는 스타가 됐어.
다들 꾸물이를 보려고 구름 떼처럼 몰려들었지.
걸핏하면 놀려 대던 이웃들도 이제 달라졌어.
"저렇게 빠른 거북이가 있었다니!"
"토끼도 한물갔군."
"슈퍼 거북, 만세!"

제목
우당탕탕 야옹이와 바다 끝 괴물
지은이
구도 노리코 글·그림
출판사
책읽는곰

### 🖊 네 번째 써 볼 문장입니다.

　옛날 어느 곳에 말썽꾸러기 야옹이들이 살았어요. 여덟 마리 야옹이들은 바닷가에 엉성한 오두막을 짓고 물고기를 잡아먹으며 지냈지요. 하지만 고기 잡기가 어려워서 늘 배가 고팠어요.
　어느 날 아침, 야옹이들은 바닷가에서 무지갯빛 조개껍데기를 하나 주웠어요.

## 7일차 문장 바르게 쓰기 (2)

어제 문장을 처음으로 써 봤어요. 이미 읽은 책이었다면 기억이 새록새록 했을 거고, 읽지 않은 책이었다면 다음 이야기가 어떻게 펼쳐질지 기대되었을 거예요. 이렇게 문장을 써 본 책은 꼭 찾아서 끝까지 읽어 보길 바랄게요.

**제목**
오리 부리 이야기

**지은이**
황선애 글·간장 그림

**출판사**
비룡소

### ✏️ 다섯 번째 써 볼 문장입니다.

오리 부리는 말하기를 좋아해.

오리가 엄마한테 늘 듣던 말이 있어.

"넌 물에 빠져도 부리만 둥둥 뜰 것 같구나."

입이 너무 가벼워서 그렇대.

제목
만복이네 떡집
지은이
김리리 글·이승현 그림
출판사
비룡소

### ✏️ 여섯 번째 써 볼 문장입니다.

　만복이는 걸핏하면 친구들과 싸워서, 욕쟁이 만복이, 깡패 만복이, 심술쟁이 만복이라 불렸어. 그래서 늘 뒷자리에 혼자 앉아야 했지.
　그러던 어느 날, 선생님이 새로 전학 온 은지를 만복이 옆자리에 앉혀 주었어. 은지는 키가 좀 작지만 귀엽게 생긴 아이였지. 만복이는 은지가 꽤 마음에 들었어.

제목
한밤중 달빛 식당
지은이
이분희 글·윤태규 그림
출판사
비룡소

## ✏️ 일곱 번째 써 볼 문장입니다.

집을 나왔어.
길은 어둡고 갈 데가 없었지.
어떤 아저씨가 비틀거리며 내 앞을 지나갔어.
술 냄새가 고약했지. 아빠가 생각났어.
언덕 아래에는 알록달록한 불빛들로 가득 차 있었어. 참 예쁘더라.
하지만 난 좁고 어두운 길을 따라 위로 위로 올라갔어.

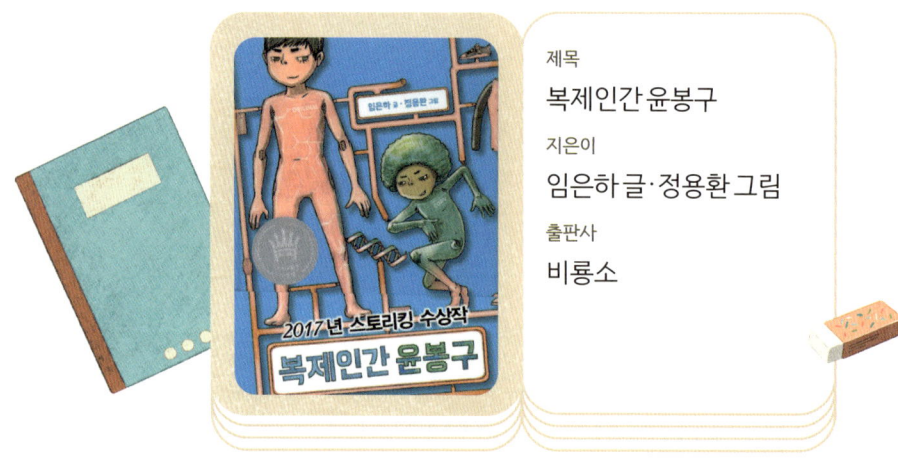

제목
복제인간 윤봉구
지은이
임은하 글·정용환 그림
출판사
비룡소

### ✏️ 여덟 번째 써 볼 문장입니다.

　나는 사장님의 손에서 태어나는 면 가락들을 멍하니 보고 있었다. 굵은 면 반죽이 훌렁훌렁 손길을 타고 두 줄로, 다시 넉 줄로, 여덟 줄로……. 똑같은 길이에 똑같은 굵기의 면들이 눈앞에서 흔들리는 것이 어지러워 눈을 꼭 감아 보았다. 감은 눈 속에서 이리저리 빛구슬이 굴러 다닌다.

| 8일차 | **문장 바르게 쓰기 (3)** |

어제는 조금 긴 문장을 써 봤는데 어땠나요? 일주일 넘게 매일 써 버릇하니 이제는 글씨를 다듬고 쓰는 데 조금 익숙해졌나요? 그랬다면 얼마나 좋을까요? 그럼 힘을 내서 오늘도 좋아하는 동화책 속 문장을 써 볼까요?

제목
오늘부터 배프! 베프!

지은이
지안 글·김성라 그림

출판사
문학동네

### 아홉 번째 써 볼 문장입니다.

교실 뒤에 있는 시계를 봤다. 수업이 끝나려면 아직 5분이나 남았다. 참으려고 했지만 혓바닥이 간질거려서 참을 수가 없었다. 나는 유림이만 들을 수 있게 귓속말을 했다.
"나 카드 생겼다."

제목
긴긴밤
지은이
루리 글·그림
출판사
문학동네

### 🖉 열 번째 써 볼 문장입니다.

나에게는 이름이 없다.

하지만 나는 내가 누구인지 알고 있다.

나에게 이름을 갖는 것보다 더 중요한 것을 가르쳐 준 것은 아버지들이었다. 나는 아버지들이 많았다. 나의 아버지들은 모두 이름이 있었다.

이 이야기는 나의 아버지들, 작은 알 하나에 모든 것을 걸었던 치쿠와 윔보, 그리고 노든의 이야기이다.

| | |
|---|---|
| 제목 | 삼백이의 칠일장 1: 얘야, 아무개야, 거시기야! |
| 지은이 | 천효정 글·최미란 그림 |
| 출판사 | 문학동네 |

### 열한 번째 써 볼 문장입니다.

옛날옛날에 이름 없는 아이가 살았어. 어쩌다 남들 다 있는 이름 하나 못 가졌는지는 이 아이도 몰라. 집도 절도 없이 그저 바람처럼 떠돌아다녔대. 이름이 없었지만 아이는 하나도 불편하지 않았어. 이름이란 게 남이 쓰는 것이지 자기가 쓰는 게 아니잖아?

제목
5번 레인

지은이
은소홀 글·노인경 그림

출판사
문학동네

### ✏️ 열두 번째 써 볼 문장입니다.

　긴 휘슬이 울린다. 나루는 5번 스타트대에 올라섰다. 스타트부터 터치의 순간까지, 이미 셀 수 없이 머릿속으로 그려 본 장면이다. 딱 하나 다른 점이 있다면, 상상 속에서 나루의 레인은 5번이 아니었다는 것뿐이다. 나루는 양손에 힘을 주어 스타트대를 움켜잡았다.
　'집중해. 강나루.'

| 9일차 | **문장 바르게 쓰기 (4)** |

막상 첫 문장을 쓰고 나면 아쉬움이 남을 수 있어요. 그럴 때는 전체를 다시 읽고, 마음에 드는 문장을 찾아 시를 읊듯이 소리 내서 읽어 보세요. 일기장이나 독서록에 기록해 두면 더 좋고요. 오늘은 또 어떤 책의 문장을 써 볼까요?

제목
책 읽는 고양이 서꽁치

지은이
이경혜 글·이은경 그림

출판사
문학과지성사

### 🖊 열세 번째 써 볼 문장입니다.

내 이름은 꽁치야.

등 푸르고 몸 가느다란 생선 꽁치가 아니고, 온몸이 한밤중처럼 새까만데 네 발만 흰 양말을 신은 것처럼 하얀 고양이야.

제목
담을 넘은 아이
지은이
김정민 글·이영환 그림
출판사
비룡소

### ✏️ 열네 번째 써 볼 문장입니다.

"어머니이, 젖 줘."
 안방에서 들리는 귀손이 소리를 한 귀로 흘리며 푸실이는 뚫어져라 책을 보고 있었다. 종이 한 장 흐트러짐 없이 단단하게 묶은 끈, 밤이슬을 맞아서인지 우글쭈글하니 울기는 했지만 빳빳한 겉장이 새 책임을 짐작케 했다.

제목
위풍당당 여우 꼬리:
① 으스스 미션 캠프

지은이
손원평 글·만물상 그림

출판사
창비

### ✏️ 열다섯 번째 써 볼 문장입니다.

악몽을 꿔 본 적이 있는가? 소름 끼치도록 무섭고 온몸의 털이 곤두설 정도로 섬뜩한 악몽, 소리치며 잠에서 깨고 나면 온몸이 땀으로 흠뻑 젖어 있는 끔찍한 악몽 말이다. 그런데 만약 그 악몽이 정말로 꿈인지, 아니면 진짜로 눈앞에 생생하게 벌어진 일인지 헷갈린다면 어떻게 해야 할까.

제목
페인트
지은이
이희영
출판사
창비

## 🖉 열여섯 번째 써 볼 문장입니다.

    두 사람은 홀로그램 속 모습과 약간 달라 보였다. 여자는 피부가 어두웠고 남자는 눈가에 주름이 가득했다. 여자는 활짝 웃었고 남자는 인자하게 미소를 짓고 있었다. 토닥토닥 어깨를 다독이는 가디의 신호에 나는 두 사람을 향해 꾸벅 고개를 숙였다.
    "안녕하세요."

# 10일차 문장 바르게 쓰기 (5)

동화책을 쓰는 작가들도 첫 문장을 어떻게 시작해야 할지 몰라 머리를 싸맨 채 고르고 고른다고 해요. 그래서 더욱 좋은 문장이 나오나 봐요. 이렇게 좋은 문장 찾아 쓰기는 글씨 쓰는 습관을 넘어 표현력과 작문력을 늘리는 데 큰 도움이 된답니다.

제목
여덟 살은 울면 안 돼?

지은이
박주혜 글·서현 그림

출판사
문학과지성사

## 열일곱 번째 써 볼 문장입니다.

힘이는 여덟 살이에요. 가끔씩 신발의 오른쪽과 왼쪽을 바꾸어 신는다거나, 바지 한쪽에 양다리를 넣는다거나 하는 일은 이제 없다는 뜻이지요.

제목
딱, 일곱 명만 초대합니다!
지은이
오채 글·한지선 그림
출판사
문학과지성사

### 🖊 열여덟 번째 써 볼 문장입니다.

　내가 제일 좋아하는 창의적 체험 활동 시간이에요. 선생님이 칠판에 커다랗게 글씨를 썼어요.
　'사막 여행을 떠나요!'
　우리 선생님은 창체 시간마다 재미있는 체험을 하게 해 줘요. 오늘도 재미있는 수업을 할 건가 봐요.

**제목**
아무것도 안 하는 녀석들
**지은이**
김려령 글·최민호 그림
**출판사**
문학과지성사

### 🖋 열아홉 번째 써 볼 문장입니다.

비가 오는 날이면 나는 집에서 북소리를 듣는다. 빗방울이 북채가 되어 우리 집을 마구 두드린다. 집 안팎으로 모포를 덧댔지만 빗소리는 아랑곳없이 울렸다. 시끄럽고 어둡고 습한 집. 사람들은 우리 집을 비닐하우스 꽃집이라고 불렀다.

제목
리얼 마래
지은이
황지영 글·안경미 그림
출판사
문학과지성사

### ✏️ 스무 번째 써 볼 문장입니다.

눈을 뜨자마자 휴대 전화로 아빠 블로그에 들어갔다. 매일 아침 가장 먼저 하는 일이다.
'마래의 오늘.'
아빠 블로그 이름이다. 마래는 내 이름.

제목

지은이

출판사

✏️ **여러분이 좋아하는 책 문장을 써 보세요.**

**11일**
숫자와 기호 바르게 쓰기

**12일**
알파벳과 기호 바르게 쓰기

**13일**
날씨 표현 배우고 일기 쓰기

**14일**
인사말 배우고 편지 쓰기

**15일**
생활 속 글쓰기

글씨가 예뻐지는 4주 클래스

**3주 차**

# 숫자·알파벳·기호 바르게 쓰기

2주 차까지 한글 연습을 주로 했어요. 그런데 우리가 쓰는 글자가 한글만 있는 건 아니에요. 가장 많이 쓰는 게 전화번호인데 이것은 모두 숫자예요. 아이디나 SNS 주소를 써야 할 일도 많은데 그것은 알파벳이고요. 또 수학 문제를 풀 때는 한글보다는 숫자와 기호를 주로 써야 하지요. 3주 차에는 한글은 물론 숫자, 알파벳, 기호 같은 다양한 글자를 섞어서 쓰는 연습을 해 볼 거예요. 그럼 시작해 볼까요?

## 11일차 숫자와 기호 바르게 쓰기

오늘은 숫자와 기호를 써 보려고 해요. 한글도 마찬가지지만 숫자만큼은 정확하게 쓰는 법을 익혀야 해요. 특히 ==동그라미의 시작과 끝을 정확하게 잇는 습관을 들여야 한답니다.== 시작과 끝을 정확하게 매듭 짓지 않으면 0인지 6인지, 5인지 6인지, 7인지 9인지 헷갈릴 수 있기 때문이에요. 숫자는 날짜처럼 한글과 섞어 쓸 때도 많으므로 함께 쓰는 방법도 익혀 볼 거예요. 참, 수학에서 단위를 나타내는 기호도 많은데, 기호는 알파벳이 들어간 경우가 많으므로 그건 내일 연습할게요. 자, 준비되었나요?

0 1 2 3 4 5 6 7 8 9     0 1 2 3 4 5 6 7 8 9

+ − × ÷ = > < ≤ ≥ ( )     + − × ÷ = > < ≤ ≥ ( )

팔천칠백이만삼천육십일 87023061

팔천칠백이만삼천육십일 87023061

이백육십사조 264000000000000 264조

이백육십사조 264000000000000 264조

✏️ 다음 식을 계산해 보세요.

$$28+(5\times3-36\div4)\times2 =$$
$$28+(15-9)\times2 = 28+6\times2 = 28+12 = 40$$

✏️ 다음 식을 세로 식으로 써 보세요.

```
    17              45              97
  × 13           × 27            × 34
  ────           ────            ────
    51             315             388
    17              90             291
  ────           ────            ────
   221            1215            3298
```

✏️ 다음 계산에서 잘못된 부분을 찾아 이유를 쓰고 바르게 계산해 보세요.

**보기**

```
    546
  ×   8
  ─────
     48
    320
    400
  ─────
    768
```

잘못된 부분 :
400

잘못된 이유 :
500×8은 4000인데 자릿수를 착각해 400으로 썼음.

**바른 계산**

```
    546
  ×   8
  ─────
     18
     32
     40
  ─────
   4368
```

✏️ 진분수, 가분수, 대분수를 각각 찾아 써 보세요.

$$\frac{4}{5} \quad \frac{35}{6} \quad \frac{9}{7} \quad 5\frac{1}{2} \quad \frac{8}{10} \quad \frac{12}{13}$$

$$\frac{4}{5} \quad \frac{35}{6} \quad \frac{9}{7} \quad 5\frac{1}{2} \quad \frac{8}{10} \quad \frac{12}{13}$$

진분수: $\frac{4}{5} \quad \frac{8}{10} \quad \frac{12}{13}$    가분수: $\frac{35}{6} \quad \frac{9}{7}$    대분수: $5\frac{1}{2}$

✏️ 알맞은 숫자를 써 보세요.

$0 \quad \frac{1}{10} \quad \frac{2}{10} \quad \frac{3}{10} \quad \frac{4}{10} \quad \frac{5}{10} \quad \frac{6}{10} \quad \frac{7}{10} \quad \frac{8}{10} \quad \frac{9}{10} \quad 1$

$0 \quad 0.1 \quad 0.2 \quad 0.3 \quad 0.4 \quad 0.5 \quad 0.6 \quad 0.7 \quad 0.8 \quad 0.9 \quad 1$

✏️ 다음 문제를 ❶ 가분수로 나타내어 더하는 방법과 ❷ 자연수는 자연수끼리, 진분수는 진분수끼리 나누어서 더하는 방법으로 계산해 보세요.

❶ $1\frac{4}{7} + 2\frac{5}{7} = \frac{11}{7} + \frac{19}{7}$

$= \frac{30}{7} = 4\frac{2}{7}$

❷ $1\frac{4}{7} + 2\frac{5}{7} = (1+2) + (\frac{4}{7} + \frac{5}{7})$

$= 3 + \frac{9}{7} = 3 + 1\frac{2}{7} = 4\frac{2}{7}$

✏️ 닭이 달걀 960개를 낳았습니다. 한 상자에 25개씩 담아 판매하려고 합니다. 상자에 담고 남은 달걀은 몇 개인지 구하시오.

**풀이 과정**

960÷25 = 몫은 38 나머지는 10

**답**

10개

✏️ 마트에서 280원짜리 구슬 35개를 사고 10,000원을 냈습니다. 거스름돈으로 얼마를 받아야 하는지 구하시오.

**풀이 과정**

❶ 280×35 = 9800 → ❷ 10000−9800 = 200

또는 10000−(280×35) = 200

**답**

200원

# 12일차 알파벳과 기호 바르게 쓰기

영어를 배우고 있는 친구라면 영어 공책에 알파벳 쓰는 방법을 배웠을 거예요. 하지만 일상생활에서도 알파벳을 쓸 일은 꽤 많아요. 아이디나 SNS 주소, 수학 기호도 있지만 축하 인사 제목을 영어로 쓰는 경우도 많지요. 오늘은 일상에서 쓰는 알파벳을 연습해 볼게요.

A B C D E F G H I J K L M N O P Q R S T U V W X Y Z

A B C D E F G H I J K L M N O P Q R S T U V W X Y Z

a b c d e f g h i j k l m n o p q r s t u v w x y z

a b c d e f g h i j k l m n o p q r s t u v w x y z

mm cm m km cm² m² km² ml l cal kcal

mm cm m km cm² m² km² ml l cal kcal

✏️ 준호가 쓴 일기입니다. 오늘 내린 눈이 몇 ㎝인지 소수로 쓰시오

눈이 많이 내려 친구들과 눈싸움을 했다. 일기 예보를 보니 오전에는 6㎝, 오후에는 8㎜가 내렸다고 했다. 내일도 눈이 녹지 않았으면 좋겠다.

**풀이 과정**

6cm+8mm = 6cm+0.8cm = 6.8cm

**답**

6.8cm

✏️ 가로가 3㎝이고 세로가 7㎝인 직사각형의 넓이를 구하시오.

**풀이 과정**

3cm×7cm = 21cm²

**답**

21cm²

✏️ 오른쪽에 알맞은 수를 써 넣으시오.

2ℓ 900㎖ = 2900㎖        3860㎖ = 3ℓ 860㎖

5kg 850g = 5850g          3780g = 3kg 780g

6000kg = 6t                   8t = 8000kg

Happy birthday.

Congratulations.

I love you. Thank you.

Merry Christmas!

Happy New Year!

Happy birthday.

Congratulations.

I love you. Thank you.

Merry Christmas!

Happy New Year!

Happy birthday.

Congratulations.

I love you. Thank you.

Merry Christmas!

Happy New Year!

favorite subject

My favorite subject is art.

I like to draw and craft with my friends.

Sometimes I make cards with picture for my parents.

favorite subject

My favorite subject is art.

I like to draw and craft with my friends.

Sometimes I make cards with picture for my parents.

favorite subject

My favorite subject is art.

I like to draw and craft with my friends.

Sometimes I make cards with picture for my parents.

About Me

My name is Ha-Yu. I go to Hanbit Elementary School. I'm in the third grade. I go on walks with my dog in my free time. I play board games with my friends, too.

About Me

My name is Ha-Yu. I go to Hanbit Elementary School. I'm in the third grade. I go on walks with my dog in my free time. I play board games with my friends, too.

About Me

My name is Ha-Yu. I go to Hanbit Elementary School. I'm in the third grade. I go on walks with my dog in my free time. I play board games with my friends, too.

✏️ 원하는 문장을 영어로 써 보세요.

## 13일차 | 날씨 표현 배우고 일기 쓰기

"나는 오늘 ○○와 ○○○에서 ○○○을 했다. 참, 재미있었다."로 끝나는 일기가 많아요. 괜찮아요. 하지만 지겨울 때가 있어요. 그럴 땐 한 가지에 집중해서 써 보세요. 함께한 누군가의 옷차림, 생김새, 마음씨, 친구가 한 말 중에서 하나, 친구와 놀면서 인상 깊었던 순간도 좋아요. 주제를 좁혀 깊게 쓰면 글이 훨씬 재미있거든요. 날씨도 이모티콘이나 맑음/흐림/비/눈/바람 같은 단어도 좋지만 문장으로 쓰면 또 달라요.

### 구름 한 겹이 하늘을 덮어 해가 달처럼 보였던 날
구름 한 겹이 하늘을 덮어 해가 달처럼 보였던 날

### 햇살이 너무 눈부셔 새우 눈으로 다닌 날
햇살이 너무 눈부셔 새우 눈으로 다닌 날

### 에어컨 앞에서 아이스크림 물고 있던 하루.
에어컨 앞에서 아이스크림 물고 있던 하루.

이 더위를 어떤 단어로 표현할 수 있을까!

이 더위를 어떤 단어로 표현할 수 있을까!

이불 밖은 위험해!!! 세상에 영하 15도라니.

이불 밖은 위험해!!! 세상에 영하 15도라니.

코끝이 빨개질 때까지
도대체 눈 오리를 몇 마리나 만든 거야!

코끝이 빨개질 때까지
도대체 눈 오리를 몇 마리나 만든 거야!

분명 멀쩡히 우산을 썼는데 바지는 왜
다 젖은 거야?

분명 멀쩡히 우산을 썼는데 바지는 왜
다 젖은 거야?


하늘은 맑고 햇살은 부드러운데
바람이 따귀를 때리던 날

하늘은 맑고 햇살은 부드러운데
바람이 따귀를 때리던 날


잠깐 편의점 나갔다 왔는데 땀이 줄줄 나는 날

잠깐 편의점 나갔다 왔는데 땀이 줄줄 나는 날

꽃잎이 비처럼 쏟아지던 날.
꽃비는 환상적이지만 아쉬워!

꽃잎이 비처럼 쏟아지던 날.
꽃비는 환상적이지만 아쉬워!

비 오는 줄 알고 우산 챙겨 나갔는데
아파트 물청소하는 날

비 오는 줄 알고 우산 챙겨 나갔는데
아파트 물청소하는 날

## 14일차 — 인사말 배우고 편지 쓰기

일기는 내 일상과 마음, 생각을 깊게 들여다볼 수 있어 좋아요. 반면 편지는 내 마음과 상대방의 마음, 생각, 행동을 동시에 들여다볼 수 있어 좋지요. 그런데 편지라고 하면 종이에 빼곡하게 글을 써야 할 것 같아 부담스러울 수 있어요. 그럴 땐 가벼운 쪽지를 남겨 보세요. 오늘은 쪽지에 남기기 좋은 인사말을 쓰면서 글씨를 다듬어 볼게요.

엄마, 아빠, 사랑해요. 늘 고맙습니다.
안녕? 세연아, 작년처럼 올해도
즐겁게, 사이좋게, 재미있게 지내자. 파이팅.
채연 선생님, 덕분에 공부가 재미있어졌어요.
잘 가르쳐 주셔서 감사합니다.

엄마, 아빠, 안녕하세요? 저 나현이에요.
요즘 부쩍 별 거 아닌 일에 투정 부릴 때가 많았죠? 마음은 그렇지 않은데 자꾸만 짜증 날 때가 있어요.
그래도 다정하게 위로해 주시고, 따뜻하게 안아 주셔서 죄송하고 감사해요. 앞으로는 별 거 아닌 일에 투정 부리지 않을게요.
언제나 제 편이 되어 주셔서 감사해요.
엄마, 아빠! 너무너무 사랑해요!

안녕, 지우아! 나는 유민이야.

내가 편지를 쓰는 이유는 네가 너무 웃겨서야.

사실 난 학교에서 말도 별로 없고 조용한 편인데 넌 정말 웃긴 것 같아. 수업 시간에 선생님이 말씀하실 때마다 "네."라는 대답 대신 "아니요."라고 말하는 게 제일 웃겨.

또 급식 먹을 때마다 자꾸 밥풀을 흘려도 아무렇지 않게 웃는 게 웃겨.

아무튼 앞으로도 계속 친하게 지내자.

그럼 안녕.

선생님, 저 세현이에요.

매일 재미있는 수업을 준비해 주셔서 감사해요. 특히 선생님의 사회 수업은 정말 최고예요!

제일 싫어하던 과목이 사회였는데, 선생님과 공부하면서 제일 좋아하는 과목으로 순위가 급상승했어요.

매일 사회 시간이 기다려져요!

고맙습니다!

# 15일 차 생활 속 글쓰기

매일 일기를 쓰면 글을 잘 쓸 수 있는 것처럼, 글씨도 자주 써야 잘 쓸 수 있어요. 잘 쓰던 사람도 안 쓰면 삐뚤어지고, 못 쓰던 사람도 자주 쓰면 반듯해지는 게 글씨거든요. 자꾸만 글씨 쓸 일을 늘려 보면 좋아요. 생활 속에서 이것저것 만들어 보면서 글씨와 친해져 보아요. 간단히 의견을 받아 볼 수 있는 설문지부터 만들어 볼까요?

**한빛초등학교 친구들 취향 파악 설문 조사**

## 내가 생각하는
## 요즘 대세 아이돌은?

- 방탄소년단(BTS)
- 뉴진스(NewJeans)
- 아이브(IVE)
- 세븐틴(Seventeen)

\* 좋아하는 아이돌에게 스티커를 붙여 주세요.
(단, 한 사람당 스티커는 한 개)

♥ 여러분도 만들어 보세요.

동네마다 학교마다 반마다 행사가 참 많아요. 행사 초대장을 만들어 보세요.

**여러분도 만들어 보세요.**

# 초대합니다

**일시**

**내용**

**장소**

새해가 밝아 오면 저희 집에서는 개인별 위시 리스트를 만들곤 해요. 여러분은 올해 어떤 목표가 있나요? 직접 써서 책상에 붙여 보세요.

## 2023 Sei's Wish List

- 😊 매일 줄넘기 100개 뛰기
- 🌼 키 7cm 키우기
- 🌻 매일 감사 일기 쓰기
- 🌼 매일 책 한 권 이상 읽기
- 😊 방학 때마다 가족 여행 가기

🌼 **여러분도 만들어 보세요.**

레시피는 물론 장난감 조립 설명서나 종이접기 순서도도 만들 수 있어요.

## 장금이 레시피
## Recipe Note

### 해물 로제 파스타

입 안에서 톡! 터지는 탱탱한 새우와 감칠맛 가득한 소스가 일품인 요리

**PREP TIME**

**COOK TIME**

**SERVING**

**DATE**

**INGREDIENTS**

파스타 면, 새우, 양파, 치즈, 토마토소스, 우유, 파슬리, 후추

**DIRECTIONS**

1. 끓는 물에 면을 삶아 체에 밭쳐 놓는다.
2. 기름을 두른 팬에 양파와 새우를 넣고 볶는다.
3. ②의 팬에 우유와 토마토소스를 넣고 약불에서 끓이다, 끓기 시작하면 치즈를 넣어 녹인다.
4. ③에 삶아 둔 면을 넣어 소스가 잘 배도록 볶고, 후추와 파슬리를 솔솔 뿌려 주면 완성!

**TIP.** 집에 있는 꽃게나 오징어 등 해물을 넣으면 더 맛있어요!

**FROM THE KITCHEN OF**

 여러분도 만들어 보세요.

## 레시피 Recipe Note

PREP TIME　　COOK TIME　　INGREDIENTS

SERVING　　DATE

DIRECTIONS

FROM THE KITCHEN OF

**16일** 자기 소개서 쓰기

**17일** 임원 선거 연설문 쓰기

**18일** 독서록 쓰기

**19일** 기행문 쓰기

**20일** 주장하는 글쓰기

글씨가 예뻐지는 4주 클래스

**4주차**

# 교실 속 문장 쓰기

4주 차에는 학교에서 배우는 다양한 글쓰기 형식을 익혀 볼게요. 간단한 주제의 글쓰기부터 주장하는 글쓰기까지 가볍게 익힐 수 있을 거예요. 그렇지만 이 책은 글쓰기 워크북이 아니니 너무 부담 갖지 마세요. 우리는 마지막까지 글씨를 더 잘 쓰는 데 집중해야 해요. 글쓰기는 거들 뿐이에요. 그러니 똑같이 따라 쓰는 데 집중해 주세요.

# 16일차 자기 소개서 쓰기

새 학년을 맞이하면 누구나 거쳐 가는 관문, '자기소개'예요. 어떤 반은 발표로, 또 어떤 반은 자기 소개서를 게시판에 붙여 두기도 해요. 발표를 하더라도 미리 자기 소개서를 적어 보면 떨지 않고 더 자신 있게 발표할 수 있어요. 내가 좋아하는 것과 잘하는 것, 장래 희망, 좌우명, 별명, 좋아하는 음식 등을 떠올리며 한 문장씩 쓰면 좋아요. 오늘은 자기 소개서에 자주 사용하는 문장으로 단정하게 글씨를 써 볼게요.

안녕하세요? 저는 달리기를 좋아하는 김세윤입니다. 저는 캐릭터 그리기를 즐겨 합니다.
저의 소울푸드는 고소한 버터에 납작하게 잘 구운 호떡입니다. 저는 노래면 노래, 춤이면 춤, 뭐든 다 잘하는 아이돌 가수가 되고 싶습니다.

친구들아, 안녕?

나는 요리를 좋아하는 유지연이야.

간단한 쿠키부터 볶음밥, 떡볶이까지 다양한 음식을 만들 수 있어.

음식을 먹어 보면 어떤 재료가 들어갔는지도 잘 맞혀. 그래서 내 별명이 '절대 미각'이야. 여기까지 들어 보니, 내 장래 희망도 예상되지? 맞아. 요리사야. 특히 한식 요리사!

내 좌우명은 "중요한 건 꺾이지 않는 마음!"이야. 몇 차례 망쳤다고 마음마저 꺾이면 안 되잖아? 사실 어떤 TV 프로그램에서 봤는데 너무 마음에 와닿았어.^^

학기 초라 아직 어색하지만,

우리 곧 친해지자!

안녕하세요? 제 이름은 최예설이에요.

저는 학기 초에는 낯을 좀 가리는 편이지만 친해지면 누구보다 잘 웃고 활발해요. MBTI는 ISFJ일 때도, ENFJ일 때도 있어요.

작년 반 친구들은 저를 '얼불배불'이라고 불렀어요. 급식을 먹고 나면 항상 "아~ 배부르다."를 외치고 다녔더니, 어떤 아이가 잘못 알아듣고 "얼굴이 부르다고?"라고 말하는 거예요. 너무 웃겨서 그때부터 "**얼**굴도 **부**르고 **배**도 **부**르다."라고 했어요. 올해는 다이어트를 계획하고 있어서 배가 부를 만큼 먹지는 않을 거예요!

저는 체스, 오목, 보드게임을 잘해요. 작년에는 반에서 체스 왕이었어요.(저랑 한판 붙으실 분?)

장래 희망은 작가, 선생님, 사장님, 여행가 등 되고 싶은 게 많아서 하나로 정하지 못했어요.

학기 초라 친한 친구가 몇 명 되지 않지만 모두 친하게 지내요!

✏️ **자기 소개서를 직접 써 보세요.**

| 17일차 | **임원 선거 연설문 쓰기** |  |

임원 선거에 나가 본 경험이 있거나 '나도 도전해 볼까?'라고 생각한 적이 있나요? 학급 임원이나 전교 임원에 출마하려면 친구들 앞에서 발표할 연설문을 써야 해요. 물론 연설문을 준비하지 않고 즉석에서 발표하는 친구도 있지만, 더 조리 있고 설득력 있게 발표하려면 다음과 같이 연설문을 준비해 보세요. 연설문에서 가장 중요한 건, 지키기 어려운 공약보다 진짜 지킬 수 있는 공약으로 자신감과 책임감을 드러내는 거예요. 이걸 잘 기억하면 신뢰와 믿음이 가는 연설문을 쓸 수 있을 거예요.

저는 우리 반이 최고의 반이 되도록 이 한 몸 다 바칠 반장 후보 하은우입니다.

제가 반장이 된다면 행복 우체통을 설치하겠습니다.

소중한 한 표 한 표를 저에게 주신다면 봉사와 희생으로 보답하겠습니다.

안녕하십니까?

학급 회장 후보 김희승입니다.

저는 여러분이 믿고 맡길 수 있는 학급 회장이 될 것을 약속 드립니다.

모두 '나.만. 믿.어.'를 한 글자씩 외쳐 주세요.

"나" 나보다 여러분을 생각하겠습니다.

"만" 만점짜리 학급을 만들겠습니다.

"믿" 믿음직한 학급 회장 김희승.

"어" 어려운 일은 앞장서서 솔선수범하겠습니다.

안녕하세요? 전교 회장 후보 기호 1번 최예림입니다. 저는 우리 학교를 다니는 모든 학생이 더 가고 싶은 학교, 더 머물고 싶은 학교로 만들기 위해 이 자리에 나왔습니다.

제가 실천할 공약은 다음과 같습니다.

첫째, 모두의 이야기에 귀를 기울일 수 있도록 '학생 신문고'를 설치하겠습니다. 누군가를 칭찬하는 따뜻한 이야기부터, 학교생활에서 느끼는 사소한 불편함까지 다양한 이야기를 서로 주고 받을 수 있는 신문고를 학생들의 왕래가 가장 많은 곳에 설치하겠습니다.

둘째, 운동장과 강당의 사용 시간을 공평하게 조정하겠습니다. 학년별로 자유롭게 사용 시간을 정하면 그날만큼은 마음 편히 뛰어놀 수 있게 됩니다.

맡겨만 주신다면 모두가 즐거운 학교, 모두가 행복한 학교로 거듭날 수 있도록 뛰겠습니다.

✏️ **연설문을 직접 써 보세요.**

# 독서록 쓰기

18일 차

책의 여운을 오랫동안 간직하고 싶다면 독서록을 써 보세요. 길게 쓰지 않아도 괜찮아요. 책을 읽고 인상적인 장면이나 중요한 사건에 내 경험을 녹여 적으면 좋아요. 기억하고 싶은 책 속의 문장을 따라 적고 그 이유를 적을 수도 있어요. 독서록을 어떤 문장으로 시작하면 좋을지, 인상 깊은 장면에서 떠오른 감정을 어떤 문장으로 표현하면 좋을지를 생각하면서 오늘의 글씨 연습을 시작해 볼게요.

엄마와 함께 읽은 첫 번째 책은 《로알드 달의 마틸다》였다.

《초정리 편지》에서 누이가 쓴 손 편지를 읽고 눈물이 왈칵 쏟아졌다.

"어떻게 이기느냐보다 어떻게 지느냐가 더 중요해."라고 말한 《5번 레인》의 초희가 대단하다고 느꼈다.

사라와 에드워드가 이별하는 부분은 《에드워드 툴레인의 신기한 여행》에서 가장 슬픈 장면이었다.

작고 연약한 사라가 기침을 하며 앓다가 숨을 거두었을 때 에드워드는 얼마나 가슴이 아팠을까?

나는 태어나서 단 한 번도 생각해 보지 못한 죽음과 이별에 대해 깊은 생각에 빠졌다.

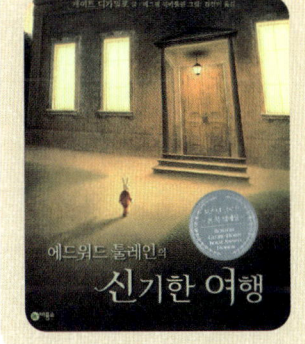

제목
에드워드 툴레인의 신기한 여행

지은이
케이트 디카밀로 글·배그램 이바툴린 그림

출판사
비룡소

깜냥이 사람들을 돕고도 "괜찮아요. 무얼 바라고 한 일이 아닌걸요."라며 천연덕스럽게 말할 때 웃음이 났다.

추위와 배고픔을 이겨내야 하는 떠돌이 고양이지만 당당하고 자유롭게 사는 모습이 정말로 근사했다.

깜냥의 말처럼 "힘든 시간을 이겨내면 신나고 즐겁고 재미있는 일이 생긴다."라는 믿음이 생겼다.

제목
고양이 해결사 깜냥: ①아파트의 평화를 지켜라!

지은이
홍민정 글·김재희 그림

출판사
창비

눈시울이 붉어진 엄마를 발견했다. 나는 엄마가 왜 슬픔에 잠겼는지 궁금해서 엄마에게 달려갔다. 책 한 권이 엄마 손에 있었다.

'저 책이 엄마를 슬프게 한 게 분명해.' 나는 엄마가 이미 다 읽고 덮은 책을 집어 들었다.

내 수준에 딱 맞는 책은 아니지만, 엄마의 눈시울이 왜 붉어졌는지 궁금해서 읽기 시작했다.

고요한 산기슭의 오래된 전화박스, 그 산에서 머물고 있는 엄마 여우와 아기 여우, 그리고 매일 오래된 전화박스를 찾아오는 귀여운 남자아이의 이야기에 나는 서서히 빠져들었다.

제목
여우의 전화박스
지은이
도다 가즈요 글·다카스 가즈미 그림
출판사
크레용하우스

# 19일 차 기행문 쓰기

여행을 다녀오면 좋았던 일, 신났던 일, 재미있었던 구경거리 등이 생각나요. 여행의 추억과 그때의 기분을 기행문에 담아 보세요. 소중한 추억이 오랫동안 기억될 거예요. 기행문을 쓸 때는 여행하게 된 동기나 여행 준비를 하며 든 내 감정으로 첫 문장을 시작해 보세요. 여행한 곳과 그곳에서 본 것이나 들은 것을 이어서 적고요. 새롭게 알게 된 것에 대한 자기 생각과 느낌까지 풍부하게 적으면 한 편의 멋진 기행문이 완성될 거예요. 기행문에 나오는 문장을 쓰며 내 글씨를 다듬어 보세요.

"야호! 드디어 출발이다!"

비행기를 놓치지 않기 위해 우리 가족은 이른 아침부터 서둘렀다.

파도가 몽돌 사이로 들어왔다 나가면서 차르르 소리를 냈다.

깊은 밤, 안압지가 조명에 반사되어 예쁘게 빛났다.

"지후야, 일어나. 경주에 가야지!"

아빠 목소리에 눈을 떴다. 오늘은 그토록 기다리던 경주로 여행을 떠나는 날이다.

오랜만에 지하철을 타고 기차역으로 갔다. 그렇게 생애 첫 기차 여행이 시작되었다.

"경주는 지붕 없는 박물관이야."

엄마는 발길이 닿는 곳마다 문화 유적지를 만날 수 있는 곳이 경주라고 설명해 주셨다.

우리 가족은 첨성대를 시작으로 대릉원, 불국사, 석굴암 등 16곳의 명소를 탐방하기로 했다. 가장 먼저 도착한 곳은 첨성대였다.

어제 저녁, "내일 수원 화성 가자!"라고 엄마가 말씀하셨다. 준비 없는 여행이라 더 재미있을 것 같았다. 아빠와 나는 동시에 "좋아!"라고 외쳤다. 엄마는 서둘러 숙소를 예약하셨고, 나도 짐을 꾸렸다. 그렇게 1박 2일 돌발 여행이 시작되었다.

오전에는 화성 행궁을 둘러봤다. 정조 대왕이 궁궐을 벗어나 쉬어 간 곳이라고 했다. 성곽 길을 따라 걷다 보니 방화수류정이 나왔다. 신발을 벗고 올라섰더니 연못이 한눈에 펼쳐졌다.

오후에는 플라잉수원에서 열기구를 타려고 했는데 비가 와서 운행하지 않는다고 했다. 아쉬운 마음에 아쿠아플라넷에 들러 물고기를 봤다. 초밥을 잔뜩 먹고 호텔로 돌아왔다.

내일은 열기구를 탈 수 있을까?

✏ **기행문을 직접 써 보세요.**

## 20일차 주장하는 글쓰기

주장하는 글쓰기는 왠지 어려울 것 같나요? 그런데 우리는 하루에도 몇 번씩이나 내 생각을 누군가에게 말하고 설득해요. 그 말을 글로 옮기면 그대로 주장하는 글이 된답니다. 어때요? 그렇게 어렵지 않겠죠? 주장하는 글에는 내 주장이 분명하게 드러나야 해요. 주장은 설득력이 있어야 하고요. 내 주장이 옳다고 무조건 우기면 곤란해요. 정해진 규칙은 없지만 막상 쓰려니 어렵다면 '처음'에는 나의 주장을, '가운데'에는 주장에 대한 근거와 이유를, '끝'에는 한 번 더 주장을 강조하며 내용을 마무리하세요. 순서대로 써 내려가면 어렵지 않을 거예요.

　줄임말을 쓰지 말자

　초등학생 96.9%가 줄임말을 쓴다는 설문 결과가 있다. 하지만 줄임말을 쓰면 상대방이 잘 알아듣지 못한다. 알아듣지 못한 사람은 소외감을 느낄 수 있다.
　쓴 사람도 어휘력과 표현력이 떨어진다.
　줄임말을 줄이고 한글을 바르게 사용하자.

요즘 많은 학생이 스마트폰을 사용합니다.
　스마트폰은 편리한 점이 많지만 부정적인 면도 많습니다. 특히 학교에서 스마트폰을 자율적으로 사용하면서 여러 가지 문제가 발생하고 있습니다.
　저는 학교에서는 스마트폰 사용을 제한해야 한다고 생각합니다. 왜냐하면 수업 중에 게임이나 SNS를 하느라 공부에 집중하지 못하는 학생이 많기 때문입니다. 특히 소리와 진동음이 다른 친구들에게 피해를 줄 수 있습니다.
　그러므로 학교에서는 스마트폰 사용을 제한해야 합니다.

'동물원은 필요할까?'

동물원을 없애야 합니다.
첫째, 동물원은 동물의 자유를 구속합니다. 많은 사람의 구경거리가 되는 동물들은 극심한 스트레스를 받습니다. 동물은 사람들의 구경거리가 아닌 생명 그 자체로 존중받아야 합니다.
둘째, 동물원은 동물이 원래 살던 자연환경을 그대로 옮겨 놓을 수 없습니다. 동물들은 인위적으로 만든 동물원보다 넓은 자연에서 살아야 합니다.
저는 동물에게 장점보다 단점이 훨씬 많은 동물원을 없애야 한다고 생각합니다.

✏️ **주장하는 글을 직접 써 보세요.**

## 부록

글씨 연습을 다양하게 해 볼 수 있도록 프로젝트 여섯 개를 넣었어요.

틀 안에 원하는 글씨를 넣고 자르기만 하면 프로젝트가 완성돼요.

카드, 엽서, 쪽지, 상장은 글씨를 쓴 다음 오려서 전달해 보세요.

그림일기와 공책 정리 샘플도 넣어 두었으니 참고해서 써 보세요.

**프로젝트 1**
**생일 축하 카드 쓰기**

프로젝트 3
스승의 날 엽서 쓰기

프로젝트 4
우정 쪽지 쓰기

**프로젝트 5**

**상장 만들기**

# 상

학년    반

위 어린이는

이 상을 드립니다.

년    월    일

초등학교  학년  반 친구들

프로젝트 6
## 4컷 만화 속 대사 쓰기

**샘플 2**

## 조선 건국 공책 정리

# 〈한국사 비주얼 싱킹〉

**세금**
- 과전법 실시
- 토지제도 개혁
- 신진 사대부 중심
- 농민 생활 보장

〈태조 이성계〉
- 1335~1408
- 고려 공민왕 시기 장군

**명 / 위화도 회군**
- 위화도에서 군사를 돌려 반역을 함

정몽주

**개혁 세력 간 갈등**
- 고려 왕조를 지키면서 개혁해야 한다고 주장한 정몽주 등 반대 세력 제거

- 고려 멸망 → 조선 건국 "1392년"
- 신진 사대부 (정도전) 중심
- 유교 중심

## 이 책에서 따라 쓴 동화책 목록

문장을 실을 수 있도록 허락해 주신 작가님과 출판사에 감사 드립니다.

《알사탕》백희나, 책읽는곰, 2017

《두근두근 편의점》김영진, 책읽는곰, 2022

《슈퍼 거북》유설화 글·그림, 책읽는곰, 2014

《우당탕탕 야옹이와 바다 끝 괴물》구도 노리코 글·그림, 책읽는곰, 2021

《오리 부리 이야기》황선애 글·간장 그림, 비룡소, 2022

《만복이네 떡집》김리리 글·이승현 그림, 비룡소, 2010

《한밤중 달빛 식당》이분희 글·윤태규 그림, 비룡소, 2018

《복제인간 윤봉구》임은하 글·정용환 그림, 비룡소, 2017

《담을 넘은 아이》김정민 글·이영환 그림, 비룡소, 2019

《위풍당당 여우 꼬리: ① 으스스 미션 캠프》손원평 글·만물상 그림, 창비, 2021

《페인트》이희영, 창비, 2019

《오늘부터 배프! 베프!》지안 글·김성라 그림, 문학동네, 2021

《긴긴밤》루리 글·그림, 문학동네, 2021

《삼백이의 칠일장 1: 얘야, 아무개야, 거시기야!》천효정 글·최미란 그림, 문학동네, 2014

《5번 레인》은소홀 글·노인경 그림, 문학동네, 2020

《여덟 살은 울면 안 돼?》박주혜 글·서현 그림, 문학과지성사, 2022

《책 읽는 고양이 서꽁치》이경혜 글·이은경 그림, 문학과지성사, 2022

《딱, 일곱 명만 초대합니다》오채 글·한지선 그림, 문학과지성사, 2019

《아무것도 안 하는 녀석들》김려령 글·최민호 그림, 문학과지성사, 2020

《리얼 마래》황지영 글·안경미 그림, 문학과지성사, 2018